现在，我们比历史上任何时期都更接近中华民族伟大复兴的目标，比历史上任何时期都更有信心、有能力实现这个目标。

——习近平2012年11月29日参观《复兴之路》展览时的讲话

暨南卓越智库（15JNZK04）

THE MICROFUNDATION OF INTERACTION OF GLOBALIZATION AND NATIONAL STRATEGY

全球化与国家战略互动的微观基础

广州开发区发展研究

刘金山　陈永品　李耀尧　著

暨南大学出版社
JINAN UNIVERSITY PRESS

中国·广州

图书在版编目（CIP）数据

全球化与国家战略互动的微观基础：广州开发区发展研究/刘金山，陈永品，李耀尧著．—广州：暨南大学出版社，2017.2
ISBN 978－7－5668－2054－9

Ⅰ.①全…　Ⅱ.①刘…②陈…③李…　Ⅲ.①经济开发区—经济发展—研究—广州　Ⅳ.①F127.651

中国版本图书馆CIP数据核字（2016）第012810号

全球化与国家战略互动的微观基础：广州开发区发展研究
QUANQIUHUA YU GUOJIA ZHANLUE HUDONG DE WEIGUAN JICHU：GUANGZHOU KAIFAQU FAZHAN YANJIU
著者：刘金山　陈永品　李耀尧

出 版 人：徐义雄
策划编辑：曾鑫华
责任编辑：柳　煦
责任校对：高　婷
责任印制：汤慧君　周一丹

出版发行：暨南大学出版社（510630）
电　　话：总编室（8620）85221601
　　　　　营销部（8620）85225284　85228291　85228292（邮购）
传　　真：（8620）85221583（办公室）　85223774（营销部）
网　　址：http://www.jnupress.com　http://press.jnu.edu.cn
排　　版：广州市天河星辰文化发展部照排中心
印　　刷：广东省农垦总局印刷厂
开　　本：787mm×960mm　1/16
印　　张：13
字　　数：206千
版　　次：2017年2月第1版
印　　次：2017年2月第1次
定　　价：32.00元

前　言

作为发展中大国，中国正在进行一项伟大的事业——努力实现中华民族的伟大复兴。2010 年，中国 GDP 超过日本，居世界第二。[①] 这是中华民族复兴的标志。这种复兴，如能一直持续，将是一种奇迹：这也许是人类历史上由盛而衰，再由衰至盛的为数不多，甚至可能是迄今唯一的大国案例。其模式贡献的世界意义不言而喻。这一伟业的推进，需要全方位、多层次的协调与互动，需要在错综复杂的图景中寻找实现远景的可能路径。这一切都需要把握经济社会发展的核心规律。

纵观世界历史，全球化与一个国家（地区）发展的互动，决定了一个国家（地区）的未来发展趋势。可以说，1492 年哥伦布发现新大陆，正式拉开了全球化的序幕，也正式拉开了东西方发展差距的序幕。新航线把世界市场连起来，开启了全球化时代。全球化时代造就了 18 世纪英国的工业革命。工业革命，体现为突破报酬递减规律的限制，实现报酬递增的过程。西方世界的兴起，是全球化与国家（地区）发展良性互动的结果。

遥想当年，中国何其兴盛，又何其屈辱。中国的衰落，是从明朝中叶开始的。在全球化大幕开启的时候，明朝却在郑和七下西洋之后禁海了。18 世纪英国进行第一次工业革命，清政府却实行闭关锁国政策；19 世纪德国进行第二次科技革命，日本抓住机会进行明治维新，慈禧太后则把革新激流打压下去；20 世纪美国进行第三次科技革命，新中国的封闭体制又使我们与全球化隔离了近 30 年。历史告诉我们，不能实现国家发展与全球化的良性互动，是中华民族衰落的重要原因之一。

---

① 2010 年，世界 GDP 总计 62 万亿美元，排名前 5 位的国家是：美国 14.6 万亿美元，中国 5.8 万亿美元，日本 5.4 万亿美元，德国 3.3 万亿美元，法国 2.6 万亿美元。2015 年，世界 GDP 总计 77.3 万亿美元，排名前 5 位的国家是：美国 17.95 万亿美元，中国 10.87 万亿美元，日本 4.12 万亿美元，德国 3.36 万亿美元，法国 2.85 万亿美元。

今日之中国，处于复兴进程的关键时期。复兴伟业能否成功，在于我们怎样吸取历史经验教训从而保障复兴伟业的可持续性。

这需要坚实的微观基础，实现可持续的报酬递增。开发区就是这样的微观基础之一。纵观世界历史，开发区（港区、园区）引领着一个国家或地区的全球化进程。回顾中国改革开放的历程，开发区是全球化与我国国家战略互动的引领者与实践者。

广州开发区，正是在全球化与我国改革开放战略互动的进程中产生并成长的。它生于全球化，长于全球化，未来更要强于全球化。

回想1978年召开的十一届三中全会，寻求封闭经济体系的突破，确定以经济建设为中心，这是国家发展战略的重大转型。怎样转型？实行改革开放战略。开放，就是要融入全球化。怎样融入？1979年经济特区先行先试，1984年14个沿海城市开放，经济技术开发区诞生，广州开发区就是践行国家战略、融入全球化的先行者之一。怎样改革？开发区的起点就是直接和人类发展历史上迄今为止最有效率的经济制度——市场经济连接。广州开发区，依靠地缘优势，走在我国市场化改革的前列……

自成立以来，广州开发区源于发展战略，承载开放战略，实践改革战略，试点区域战略，提升产业战略，构建市场战略，坚持科技战略，蕴含人文战略；未来，广州开发区更要引领强国战略，永承全球战略，追寻复兴伟业的可持续路径！

开发区是全球化与国家战略互动的引领者与实践者！广州开发区，承载国家战略，拥抱现代文明，在全球化进程中由大变强，成为探索中华民族伟大复兴的微观基础！

这一使命，昨日在，今日在，明日依然在！肩负使命，立志开拓创新，这是开发区人秉承的创业精神。自成立以来，广州开发区经济发展如此之快，经济体量如此之大，其发展的脉络如何？发展的动力何在？体现出哪些经济运行与发展的规律？能否提炼出发展模式？未来开发区发展的趋势如何？未来的新增长点何在？未来的发展模式如何？未来发展需要采取哪些政策？……这些问题都是值得研究的。

基于现实的求解，成为践行使命的逻辑起点。

作　者

2016年12月

目　录

第一章　广州开发区经济运行与增长因素分析

一、经济总量分析

广州开发区自成立以来，其GDP呈现超常规的指数型递增态势，成为支撑广州经济快速发展的关键增长极，在境内开发区中位居前列，呈现出较为显著的中国加入WTO后的“全球化红利效应”。

表1-1　广州开发区GDP及其占广州GDP比重　　单位：亿元；%

年份	开发区GDP	广州市GDP	比重
1991	8.51	386.67	2.20
1995	56.00	1 259.20	4.45
2000	149.39	2 492.74	5.99
2005	652.94	5 154.23	12.67
2010	1 617.83	10 748.28	15.05
2015	2 336.82	18 100.41	12.91

数据来源：广州开发区统计信息网，广州市统计年鉴。

1. 广州开发区GDP总量

生产总值（GDP）反映了一个国家或地区的经济发展总量和综合实力。1991年以来，广州开发区GDP呈跨越式高速增长：1991年为8.51亿元；1995年超过50亿元，达到56亿元；2000年接近150亿元；2005年接近653亿元；2010年达到1 617.83亿元；2015年达到2 336.82亿元。尤其是2001年中国加入WTO以来，广州开发区GDP呈跨越式高速增长，呈现出显著的“全球化红利效应”。从广州开发区GDP占广州GDP的比重看，开发区逐渐成为广州经济快速发展的关键增长极：1991 年为 2.20%，1995 年为 4.45%，2000 年为 5.99%，2005 年为 12.67%，2010 年为 15.05%，2015 年为 12.91%。这表明，我国加入 WTO 的“全球化红利效应”促进了广州开发区经济高速发展，进而促进了广州经济快速发展。

2. 广州开发区 GDP 增速

广州开发区 GDP 增速一直处于较高的水平，并呈现出较强的阶段性特征：20 世纪 90 年代剧烈波动，21 世纪以来稳步快速增长。1992 年“春天的故事”之后，广州开发区经济快速增长，1995 年的 GDP 增速达到 78.69% 的最高纪录。后来受亚洲金融危机影响，增速略有下降。中国加入 WTO 之后，广州开发区经济稳步高速增长，经济增长呈现出收敛于均衡路径的态势，表明广州开发区形成了相对稳定的经济体系，经济运行稳定、健康、快速。与广州、广东、全国 GDP 增速相比较，除个别年份外，广州开发区增速均高于三者。2005 年以后，广州开发区 GDP 增速依然高于三者，但与三者呈现出较为一致的经济周期特征。这表明，广州开发区能稳步快速引领广州经济运行，为广东与全国经济发展做贡献。

表 1-2　广州开发区 GDP 增速及广州、广东、全国增速　　单位：%

年份	广州开发区	广州	广东	全国
1992	18.33	23.30	22.11	14.24
1995	78.69	16.40	15.55	10.92
2000	32.61	13.30	11.47	8.43
2005	16.66	12.90	14.13	11.31
2010	18.60	13.20	12.20	10.44
2015	9.6	8.4	8.0	6.9

数据来源：广州开发区统计信息网，广州市、广东省、中国统计年鉴。

3. 广州开发区 GDP 增长的时间趋势特征

为了分析广州开发区 GDP 是如何随着改革开放的时间进程而变化的，把时间作为解释变量设立回归方程，这意味着把一切影响 GDP 的因素全部放进时间变量。通过检验与回归分析，GDP 与时间的函数关系描述如下：

$$GDP = 10.90 \times t - 2.08 \times t^2 + 0.28 \times t^3$$

回归系数在5%显著性水平下全部显著，拟合优度达到99.79%，模型拟合较好。可见，广州开发区GDP随着时间的推移而快速增长，这种增长不是线性增长，而是非线性增长，呈现出指数型递增态势。

二、产业结构分析

广州开发区的第二产业居于主导地位，呈现出劳动密集型产业特征。1996年以来，第二产业增加值快速上升，从1996年的56.98亿元上升到2000年的114.61亿元；2005年超过500亿元，达到517.72亿元；2010年超过1 000亿元；2015年接近1 600亿元。第二产业增加值所占比重一直在68%以上，平均在75%左右，呈现出第二产业的主导特征。与此同时，第三产业增加值稳步增长，2015年达到736.55亿元，所占比重达到31.52%。

表1-3　广州开发区三次产业增加值结构　　单位：亿元;%

年份	第一产业		第二产业		第三产业	
	增加值	比重	增加值	比重	增加值	比重
1996	0	0	56.98	74.92	19.07	25.08
2000	0	0	114.61	81.31	26.34	18.69
2005	1.40	0.21	517.72	79.29	133.82	20.49
2010	0	0	1 197.10	73.99	420.73	26.01
2015	5.8	0.25	1 594.47	68.23	736.55	31.52

数据来源：广州开发区统计信息网。

工业是广州开发区经济快速发展的主要动力，工业增加值增速慢于工业总产值增速，工业增加值率呈下降趋势，呈现出显著的产值驱动特征。1985年以来，广州开发区工业总产值呈现快速递增态势，从1985年的0.07亿元上升到1995年的140.96亿元，2000年以后呈跨越式增长，2005

年达到 1 608.24 亿元，2010 年达到 4 227.52 亿元，2015 年达到 5 536.58 亿元。这表明，中国加入 WTO 的“全球化红利效应”，大大促进了广州开发区的工业发展。1996 年以来，广州开发区工业增加值稳步上升，1996 年达到 52 亿元，2000 年超过 100 亿元，之后快速增长，2005 年达到 505.32 亿元，2010 年达到 1 159 亿元，2015 年接近 1 500 亿元。但工业增加值增长幅度远远低于工业总产值增长幅度。

表 1-4 广州开发区工业总产值及增速 单位：亿元；%

年份	工业总产值	工业总产值增速	工业增加值	工业增加值增速	增加值率
1985	0.07				
1990	13.76	66.51			
1995	140.96	105.70			
2000	351.74	28.56	112.57		32.00
2005	1 608.24	20.64	505.32	11.43	31.42
2010	4 227.52	21.26	1 159.00	16.72	27.42
2015	5 536.58	8.42	1 497.34	8.64	27.04

数据来源：广州开发区统计信息网。

广州开发区的工业总产值增速与工业增加值增速处于较高水平，但波动较大；总体而言，工业增加值增速低于工业总产值增速。工业增加值占工业总产值的比重呈下降态势，从 2000 年的 32% 下降到 2015 年的 27.04%，呈现出较强的产值驱动而非增加值驱动特征。工业增加值率低，源于特定的产业结构，电子及通信设备制造业、金属冶炼及加工业等工业支柱产业的产值较大，但工业增加值率较低。

工业支柱产业以最终产品制造业和传统制造业为主。广州开发区六大工业支柱产业包括：电子及通信设备制造业、化学原料及化学制品制造业、金属冶炼及加工业、食品饮料制造业、交通运输设备制造业、电气机械及器材制造业。从工业总产值、工业增加值、工业利润看，六大支柱产业中，电子及通信设备制造业、化学原料及化学制品制造业增长较快，居于主导地位；食品饮料制造业稳步增长。这些基本属于最终产品制造业，主要面向境内市场。

三、投资分析

广州开发区固定资产投资规模在波动中上升，中国加入 WTO 后呈现递增态势；其增速呈现不同于广州、广东、全国的周期性特征，但有趋同趋势；固定资产投资对 GDP 增长具有较大的乘数效应。

1. 固定资产投资及其增速波动周期特征

1984—1990 年，广州开发区起步阶段，固定资产投资低水平徘徊；1990—1995 年，固定资产投资波动中上升；之后受亚洲金融危机影响，固定资产投资规模下降；2000 年以后，固定资产投资规模快速上升；2015 年相比 2010 年投资规模翻了一番。相比较而言，广州、广东、全国固定资产投资增速波动周期具有相似性，但广州开发区固定资产投资增速波动幅度较大，与三者差异显著。

表 1－5　广州开发区固定资产投资和增速　　单位：亿元；%

年份	开发区	广州	开发区占比	增速			
				开发区	广州	广东	全国
1984	0. 41	29. 92	1. 37				
1985	1. 38	43. 62	3. 16				
1990	3. 07	90. 59	3. 39	－32. 82			2. 4
1995	39. 00	618. 25	6. 31	40. 59	23. 36		17. 5
2000	23. 64	923. 67	2. 56	－29. 41	5. 2	7. 9	10. 3
2005	127. 74	1 519. 16	8. 41	28. 07	7. 1	16. 3	26
2010	317. 81	3 263. 57	9. 74	20. 12	22. 7	20. 7	23. 8
2015	674. 27	5 405. 95	12. 47	16. 54	10. 6	15. 8	10

数据来源：广州开发区统计信息网，广州市、广东省、中国统计年鉴。

2. 固定资产投资对 GDP 增长影响的计量分析

建立计量回归模型，通过检验后，可得误差修正模型：

$$\Delta \hat{GDP}_t = 29.82 + 3.5153 \times \Delta FAI_t - 0.2061 \times ECM_{t-1}$$
$$ECM_{t-1} = GDP_{t-1} + 54.04 - 5.3759 \times FAI_{t-1}$$

结果表明，广州开发区 GDP 关于固定资产投资的短期边际倾向为 3.515 3，长期边际倾向为 5.375 9，误差修正系数为 -0.206 1，说明上期与均衡水平的偏离在当期有 20.61% 得到校正。

引入二阶滞后项的误差修正模型。由于固定资产投资的二阶滞后项在 5% 显著性水平下不显著，故只引入 GDP 的二阶滞后项。由此可得误差修正模型：

$$\Delta \hat{GDP}_t = 0.7221 \times \Delta GDP_{t-1} + 1.6748 \times \Delta FAI_t - 0.1591 \times ECM_{t-1}$$
$$ECM_{t-1} = GDP_{t-1} + 54.04 - 5.3759 \times FAI_{t-1}$$

结果表明，ΔGDP_{t-1} 的偏回归系数为 0.722 1，表明 GDP 本身的惯性机制对当期 GDP 具有较大的影响。广州开发区 GDP 关于固定资产投资的短期边际倾向为 1.674 8，长期边际倾向为 5.375 9，误差修正系数为 -0.159 1，说明上期与均衡水平的偏离在当期有 15.91% 得到校正。这表明，固定资产投资对 GDP 增长具有较强的拉动作用，乘数效应显著。

为了进行弹性分析，利用统计数据，通过检验后可得误差修正模型：

$$\Delta \ln \hat{GDP}_t = 0.2070 + 0.2562 \times \Delta FAI_t - 0.1262 \times ECM_{t-1}$$
$$ECM_{t-1} = GDP_{t-1} - 0.2762 - 1.2372 \times FAI_{t-1}$$

结果表明，广州开发区 ln *GDP* 关于 ln *FAI* 的短期弹性为 0.256 2，长期弹性为 1.237 2，误差修正系数为 -0.126 2，说明上期与均衡水平的偏离在当期有 12.62% 得到校正。引入二阶滞后项的误差修正模型。由于 ln *FAI* 的二阶滞后项在 5% 显著性水平下不显著，故只引入 ln *GDP* 的二阶滞后项。由此可得误差修正模型：

$$\Delta \ln \hat{GDP}_t = 0.6239 \times \Delta \ln GDP_{t-1} + 0.2759 \times \Delta FAI_t - 0.05 \times ECM_{t-1}$$

$$ECM_{t-1} = GDP_{t-1} - 0.2762 - 1.2372 \times FAI_{t-1}$$

结果表明，$\Delta \ln GDP_{t-1}$ 的偏回归系数为0.623 9，表明 ln *GDP* 本身的惯性机制对当期 ln *GDP* 具有较大的影响。广州开发区 ln *GDP* 关于 ln *FAI* 的短期弹性为0.275 9，长期弹性为1.237 2，误差修正系数为 -0.05，说明上期与均衡水平的偏离在当期有5%得到校正。这表明，固定资产投资对GDP增长具有较强的拉动作用。

广州开发区实际利用外资快速增长。1985—1990年广州开发区实际利用外资稳步上升，1995年实际利用外资快速上升，2000年超过5亿美元，2010年后连续超过10亿美元。

表1-6　广州开发区实际利用外资　　单位：万美元;%

年份	广州开发区	广州	广州开发区占比
1985	1 239	15 782	7.85
1990	3 070	27 263	11.26
1995	46 769	225 298	20.76
2000	54 727	311 541	17.57
2005	68 106	284 128	23.97
2010	122 597	408 121	30.04
2015	108 613	541 600	20.05

数据来源：广州开发区统计信息网，广州统计年鉴。

四、进出口分析

广州开发区出口以递增态势增长，但增速剧烈波动。1985年，广州开发区从零起步，开始出口；1990年为1.26亿美元；1995年为4.37亿美元；2000年超过10亿美元，之后快速增长，2005年达到62.51亿美元；2010年为136.77亿美元；2015年为170.74亿美元。这与中国加入WTO的“全球化红利效应”密切相关。广州开发区出口增速剧烈波动，1987、1988

年因为起点低而增速较高，1989、1990 年因国际形势而负增长，1991 年后增速大幅度上升，1999 年因亚洲金融危机而下降，2002 年以后因中国加入 WTO 的“全球化红利效应”而强劲上升，2009 年因世界金融危机而负增长，2010 年后快速增长。

表 1－7 广州开发区出口、进口及增速 单位：亿美元；%

年份	出口	增速	进口	增速	净出口
1985	0.14		0.31	76.21	－0.17
1990	1.26	2.58	0.83	20.17	0.43
1995	4.37	24.35	4.37	33.96	0
2000	10.67	40.95	17.12	37.35	－6.45
2005	62.51	31.43	75.41	26.73	－12.9
2010	136.77	33.26	194.97	60.67	－58.2
2015	170.74	1.82	178.02	－11.24	－7.28

资料来源：广州开发区统计信息网。

广州开发区进口额快速上升，增速大幅度波动。对于外向型经济体，进口额更能反映广州开发区经济运行情况。1984 年广州开发区成立之年以进口起步，1990 年为 0.83 亿美元，1995 年为 4.37 亿美元，2000 年以后呈跨越式增长，2005 年超过 60 亿美元，2010 年接近 195 亿美元，2015 年为 178.02 亿美元。由于广州开发区特有的外向型生产结构，“大进”反映了广州开发区的大发展。

从净出口可以看出，近年来存在对外贸易逆差，且数额越来越大，这表明广州开发区原来以“大进大出”为特征的加工组装制造企业的产品销售已逐步转向境内市场，这一趋势值得关注。

五、广州开发区经济增长因素计量分析

（一）经济总量生产函数

1. 名义量生产函数

构建开发区总量生产函数（CD 函数）如下：

$$GDP = AK^{\alpha}L^{\beta}\mu$$
$$\ln GDP = \ln A + \alpha\ln K + \beta\ln L + \ln \mu$$
$$K_t = K_{t-1}(1 - \delta) + I_t$$

GDP_t、K_t、L_t、I_t分别为 1991 年以来广州开发区当年价地区生产总值、资本存量、总就业人数和固定资产投资。资本存量估计采用永续盘存法，折旧系数 δ 取值为 10%。

从回归结果看，可决系数 $R^2=0.990\,1$，模型拟合非常好。从截距项和斜率项的 t 检验值来看，P 值均少于 0.00，表示在 5% 显著水平下截距项和斜率项都显著。可得回归方程如下：

$$\ln GDP = -7.042 + 0.72\ln K + 0.74\ln L$$
$$GDP = 0.000\,87 \times K^{0.72}L^{0.74}$$

可知，资本与劳动产出弹性分别为 0.72、0.74。因为 $0 \leqslant \alpha \leqslant 1$，$0 \leqslant \beta \leqslant 1$，并且 $\alpha + \beta > 1$，所以本模型的资本与劳动产出弹性具有经济意义，资本和劳动对广州开发区 GDP 贡献度较高且相近，并且广州开发区生产总值处于规模报酬递增状态。本模型的效率系数 A 为 0.000 87，$A>0$，具有经济意义，但同时反映广州开发区的广义技术进步水平非常低。

2. 实际量生产函数

为了剔除价格因素影响，利用实际量构建科布—道格拉斯生产函数。GDP 数据用 GDP 指数进行平减；固定资产投资价格指数采用广东省数据（该数据从 2000 年才有），进而求出实际资本存量。

$$GDP = AK^{\alpha}L^{\beta}\mu$$
$$\ln GDP = \ln A + \alpha \ln K + \beta \ln L + \ln \mu$$
$$K_t = K_{t-1}(1 - \delta) + I_t$$

GDP_t、K_t、L_t、I_t分别为以 2000 年为基期，广州开发区实际地区生产总值、实际资本存量、总就业人数和实际固定资产投资。

从回归结果看，可决系数 $R^2 = 0.9867$，模型拟合非常好。

$$\ln GDP = -6.13 + 0.34 \ln K + 0.86 \ln L$$
$$GDP = 0.0022 \times K^{0.34}L^{0.86}$$

可知，资本与劳动产出弹性分别为 0.34、0.86。因为 $0 \leqslant \alpha \leqslant 1$，$0 \leqslant \beta \leqslant 1$，并且 $\alpha + \beta > 1$，本模型的资本与劳动产出弹性具有经济意义，资本和劳动对广州开发区 GDP 贡献度较高且相近，并且广州开发区生产总值处于规模报酬递增状态。本模型的效率系数 A 为 0.0022，$A > 0$，具有经济意义，但同时反映广州开发区的广义技术进步水平非常低。

基本结论：①广州开发区经济发展处于规模报酬递增阶段；②广州开发区经济发展处于劳动要素贡献驱动阶段；③广州开发区经济发展中广义技术进步水平较低。

（二）工业总产值生产函数

$$Y_{zcz} = AK^{\alpha}L_{gy}{}^{\beta}\mu$$
$$\ln Y_{zcz} = \ln A + \alpha \ln K + \beta \ln L_{gy} + \ln \mu$$
$$K_t = K_{t-1}(1 - \delta) + I_t$$

Y_{zcz}、K、L_{gy}、I_t 分别为 1986 年以来广州开发区地区工业总产值、资本存量、工业就业人数和固定资产投资。

从回归结果看，可决系数 $R^2 = 0.9957$，模型拟合非常好。从截距项和斜率项的 t 检验值来看，P 值均少于 0.00，表示在 5% 显著水平下截距项和斜率项都显著。可得回归方程如下：

$$\ln Y_{zcz} = -7.419 + 0.64\ln K + 0.91\ln L_{gy}$$
$$Y_{zcz} = 0.0006 \times K^{0.64} L_{gy}{}^{0.91} \mu$$

可知，资本与劳动产出弹性分别为0.64、0.91。因为$0 \leqslant \alpha \leqslant 1$，$0 \leqslant \beta \leqslant 1$，并且$\alpha + \beta > 1$，所以本模型的资本与劳动产出弹性具有经济意义，资本和劳动对广州开发区工业总产值贡献度较高，广州开发区工业总产值处于规模报酬递增状态。但工业从业人员数量的产出贡献明显高于资本的产出贡献。本模型的效率系数A为0.000 6，$A>0$，具有经济意义，但可见广州开发区的广义技术进步水平非常低。

总体而言：①广州开发区工业总产值处于规模报酬递增阶段；②广州开发区工业发展处于劳动要素贡献驱动阶段；③广州开发区工业发展中广义技术进步水平较低。需要说明的是，工业增加值的生产函数，不能通过检验，在此舍去。

（三）经济增长中广义技术进步 A 的贡献

经济增长中，广义技术进步A的贡献为$g_Y - \alpha g_K - \beta g_L$，其中，$g_Y$为GDP增长率，$g_K = (K_t - K_{t-1}) / K_t$，$g_L = (L_t - L_{t-1}) / L_t$。从当年价数据下$A$的贡献与不变价下$A$的贡献，可以看出，二者具有几乎相同的分布特征，表明测度效果具有一致性。总体来说，A的贡献在多数年份为负值，1997—2005年波动频繁，2006年趋于稳定。不变价下A的贡献略高于当年价下A的贡献，逐步呈现贡献为正的态势。按照同样方法，计算工业总产值增长中A的贡献，呈现出与GDP总量生产函数中A的贡献的近似分布特征。2005年以前波动频繁，2006年以后趋于稳定。总体而言，广州开发区经济发展中广义技术进步的贡献较小，呈现出要素驱动经济增长的显著特征。

（四）经济增长的因素分解

g_{GDP}、g_{FAI}、g_L、g_{FDI}、ED分别为GDP、固定资产、总就业人数、实际使用外资的增长率以及出口依存度。

情况一：经过检验由g_{GDP}、g_L、g_{FDI}、ED组成的模型：

$$g_{GDP} = 0.57 \times g_L + 0.19 \times ED(-3) + 0.13 \times g_{FDI}(-1)$$

可见，滞后三期的出口依存度 ED、滞后一期的 g_{FDI}、g_L 在5%显著性水平下均显著，模型拟合优度为68.87%，情况较好。g_L、g_{FDI}、ED 都对 g_{GDP} 起到正向作用，其中劳动对GDP的增长率的贡献最大，其他因素不变下达到57.47%。

情况二：经过检验由 g_{GDP}、g_L、g_{FAI}、ED 组成的模型：

$$g_{GDP} = 0.14 \times g_{FAI}(-2) + 0.16 \times ED(-3) + 0.61 \times g_L$$

可见，滞后三期的 ED、滞后两期的 g_{FAI}、g_L 在5%显著性水平下均显著，模型拟合优度为65.62%，低于由 g_L、g_{FDI}、ED 组成的GDP增长率模型。g_L、g_{FAI}、ED 都对 g_{GDP} 起到正向作用，其中劳动对GDP增长率的贡献最大，其他因素不变下可达到60.74%。

总体而言：①劳动对广州开发区经济增长贡献大；②固定资产投资对广州开发区经济增长的滞后影响大；③出口依存度变化对广州开发区经济增长的滞后影响大。

六、广州开发区经济运行规律与比较

（一）广州开发区经济发展路径

广州开发区经济发展存在递增机制，GDP和工业总产值呈现指数型递增态势。其背后是全球化带动工业化。全球化是全球化红利与人口红利的有效结合。全球化红利表现为外向型企业的“大进大出”，人口红利表现为生产函数的劳动要素驱动，第二产业就业人数比重高于增加值比重。在全球化红利与人口红利的有效结合背景下，工业化表现为工业产值驱动和第三产业发展滞后，进而导致城市化进程滞后。

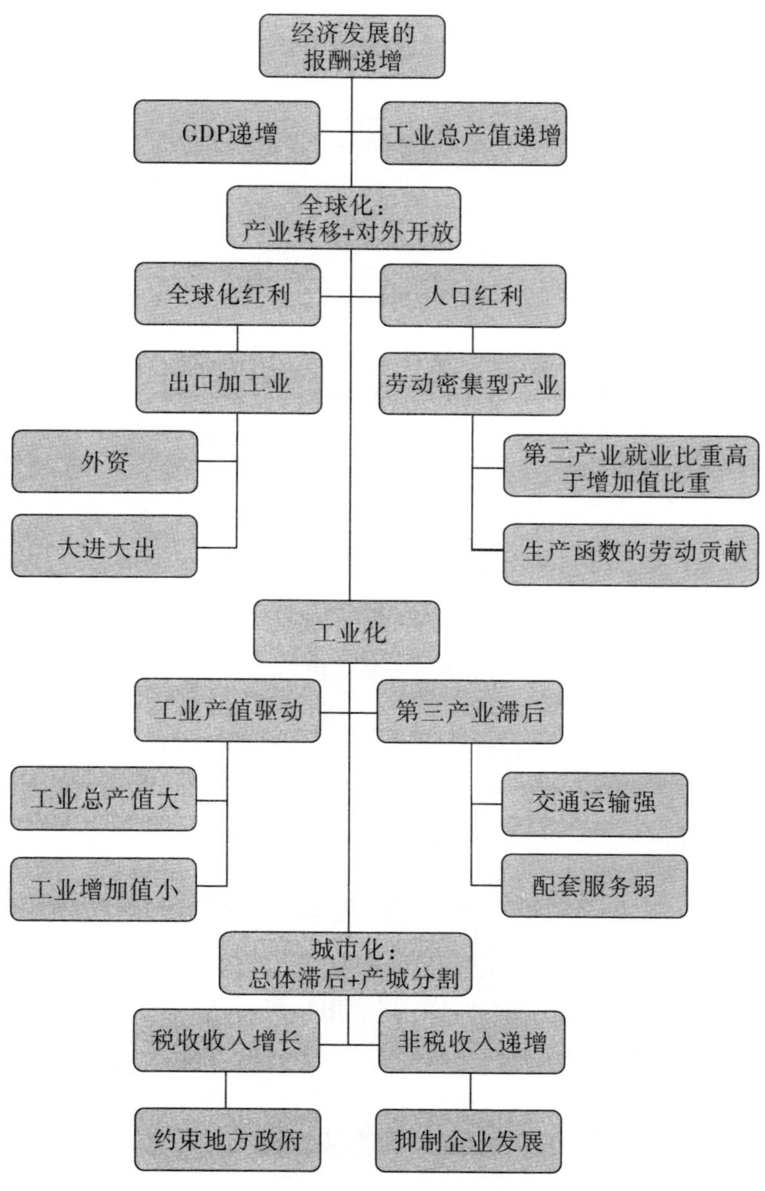

图1-1　广州开发区经济发展路径

（二）广州开发区经济增长的动力

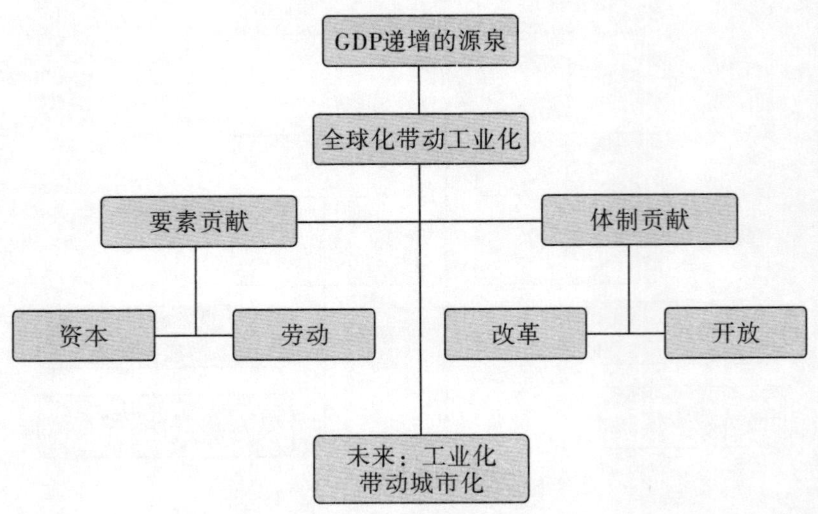

图 1－2　广州开发区经济增长的动力

广州开发区 GDP 递增的源泉在于全球化带动工业化。广州开发区 GDP 增长主要源于要素贡献和改革开放的制度变迁贡献，广义技术进步贡献相对较小。广州开发区 GDP 增长要素贡献主要依赖劳动要素贡献。

（三）广州开发区经济发展运行规律对典型特征事实的验证

广州开发区经济发展运行规律验证了卡尔多定律。卡尔多定律表明，以工业化带动经济增长，“制造业是经济增长的发动机”。广州开发区经济增长正是通过工业大发展尤其是制造业大发展来推动的。

广州开发区经济发展运行验证了卡尔多特征事实。新古典经济增长模型的成功之处在于解释了卡尔多特征事实，这反映了经济处于稳态均衡（或均衡增长路径）时的规律。卡尔多特征事实之一是人均产出增长率基本不随时间而变化，从而不随人均产出水平而变化。广州开发区 GDP 增长与人均 GDP 增长率逐步趋于稳定，意味着广州开发区经济逐步收敛于均衡增长路径。

广州开发区经济发展运行正在实践经济结构演变规律。发达国家（地区）经济结构演变规律为：①产业结构上存在第一产业向第二产业转移的趋势；②在工业内部存在消费品工业逐步下降而资本品工业逐步上升的趋势；③在第三产业内部存在现代服务业迅速崛起的趋势。目前广州开发区消费品工业比重过高，未来资本品工业应逐步上升。

卡尔多特征事实

经济增长的一组特征事实是著名的“卡尔多特征事实”（Kaldor，1961）：①每工时实际产出或人均实际产出在较长的时间内以连续不变的速度增长，即生产率稳速增长；②人均资本存量以连续不变的速度增长；③以名义利率扣除通货膨胀率而得到的实际利率大体上稳定不变；④资本—产出比率大体上稳定不变，或产出和资本存量增长速率大致趋于相同；⑤各种生产要素收入在国民收入中所占的分配份额大体上稳定不变；⑥人均产出增长率在不同国家间有很大差别。收入和利润份额较高的国家倾向于有较高的资本—产出比例。

卡尔多定律

卡尔多定律是英国剑桥学派经济学家尼古拉斯·卡尔多1966年在剑桥大学和康奈尔大学召开皮尔斯纪念讲座时所表述的三个增长律则：一是GDP增长与制造业产出增长高度正相关，制造业的生产特征与经济增长之间存在因果联系；二是制造业劳动生产率增长与制造业产出增长高度正相关，这特别与规模报酬递增有关；三是整个经济中的劳动生产率增长与非制造业部门的就业增长率之间存在负相关关系，因为大多数非制造业活动受制于报酬递减，特别是以土地为基础的活动以及许多服务业部门的活动。

第二章 广州开发区与全球价值链演进的互动分析

一、国家战略与全球价值链互动的阶段性演进

（一）从切入全球价值链到引领全球价值链

在全球化背景下，一个国家或地区的经济发展，由小到大，由大变强，一般经历三个阶段：切入全球价值链—构建国家（区域）价值链—引领全球价值链。初始阶段，通过吸收外资，以代工方式切入全球价值链（Global Value Chain，简称 GVC）是发展中国家实现工业化的有效战略。借助于全球价值链代工体系，发展中国家实现起飞或低端阶段的工业化进程，但易出现被锁定现象，被限制于低附加值的生产制造环节。改革开放以来，我国切入全球价值链，形成了“资源地区”与“生产地区”服务于对外开放的单向循环格局。

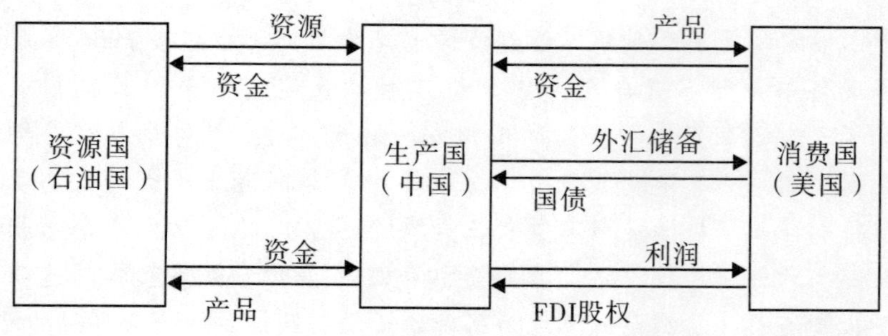

图 2－1 全球价值链

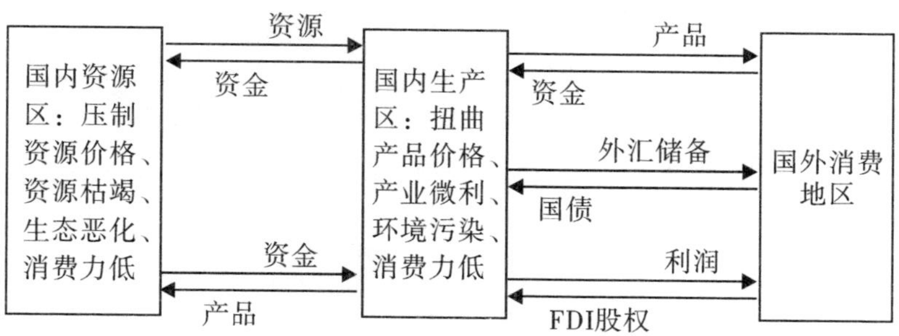

图2－2　切入全球价值链的国内产业链

在切入全球价值链分工生产体系后，为了突破低端锁定，需要构建国家价值链（National Value Chain，简称NVC）或区域价值链（Area Value Chain，简称AVC）。企业或企业网络在取得国内市场某个行业或产品价值链的高端环节竞争优势后，建立起设计、品牌和全国销售渠道；逐步进入周边国家或者具有相似需求特征的发展中国家市场，建立起以自身为主导的区域价值链分工体系；最后进入发达国家市场，与发达国家的生产网络、市场网络对接，逐步主导全球价值链分工体系。

目前，我国要构建国家（区域）价值链，形成“资源地区”与“生产地区”互为产品市场和消费市场的双向循环。经济发展不再仅仅是生产能力和生产性产业引进的问题，而是国家（区域）价值链的构建问题。在保持生产国地位的同时，必须认识资源国的市场作用以及自身作为消费市场的潜力和前景，这是一个相对长期的过程。

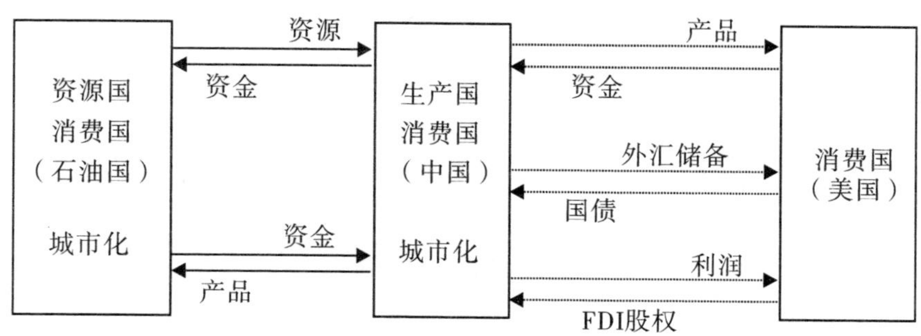

图2－3　国家（区域）价值链（虚线表示联系变弱）

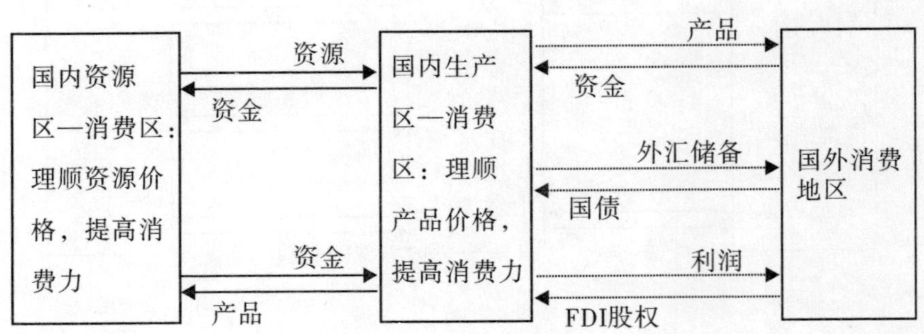

图2-4 国家（区域）内部价值链（虚线表示联系变弱）

（二）历史实践

回顾历史，工业革命以来，世界制造中心（世界工厂）几经变迁：英国—美国—日本—中国。18 世纪，英国发生了工业革命；美国在 19 世纪 90 年代末期超过英国，成为全球最大的制造强国；“二战”以后，日本从“贸易立国”到“技术立国”，逐渐成为世界制造中心。

每一次世界制造中心的变迁，必然有一个强国出现，世界工厂以其强大的生产影响力和市场影响力推动着该经济体的快速成长。既使在生产要素成本上升而发生产业转移之后，该经济体的世界影响力依然存在，表现之一就是话语权：世界工厂升级为世界市场价格中心、标准中心、技术中心，“生产权”上升为“市场话语权”。世界制造中心的转移，伴随着经济强国的出现，强国的标志就是引领全球价值链。2011 年 3 月 11 日，日本地震“震翻”了全球制造业产业链，表明了其对全球价值链的影响力。

知识链接

后发国家培育国家价值链

在世界史上，通过培育国家（区域）价值链实现经济转型与发展的案例值得借鉴。一些国家（地区）通过生产与需求互动实现了经济转型升级。

日本是一个成功的案例。“二战”以后，日本出现过三次“消费革命”：1950—1954 年以纺织品、收音机、自行车、缝纫机为重点的第一次“消费革命”；1955—1964 年以黑白电视机、洗衣机和电冰箱为重点的第二次“消费革命”；1964 年开始的以彩色电视机、空调、小汽车等为重点的第三次“消费革命”。日本利用“消费革命”的机遇，发展产业技术，使产业结构高级化，经济全面起飞。

亚洲“四小龙”的成功转型证明了落后国家和地区可以凭借参与全球生产网络，突破低端锁定，逐步实现技术升级和价值链提升。

（三）中国全球化战略与工业化进程的阶段性特征

中国的工业化进程伴随着对外开放战略：从 20 世纪 80 年代的试点开放、90 年代的局部开放到 21 世纪初开始的全方位对外开放。中国的工业化是一个意义极其重大的世界历史事件，是一段让全球工业化版图发生巨大变化的世界历史变迁时期。中国全方位的对外开放获得的一个直接好处是：广泛的国际分工，特别是产业分解所提供的制造业发展机会。

1979 年的特区、1984 年的 14 个沿海开放城市，都是试点，中国以此尝试与全球经济体系链接。20 世纪 90 年代，全面切入全球价值链，工业化进程加速。30 多年来，中国通过承接制造业组装加工，形成了从沿海地区开始并不断向内地延伸的许多加工区和产业集群区。中国制造业增加值 1993 年超过法国和英国，2006 年超过日本成为世界制造业第二大国，2008 年超过美国成为世界制造业第一大国，结束了美国自 1895 年以来一直保持的制造业生产规模世界第一的历史。2010 年，中国工业增加值 23 640 亿美元，是美国的 1.04 倍；在世界 500 种主要工业品中，中国有 220 种产品的产量居世界第一。

这标志着中国全面切入全球价值链的阶段性任务已经完成。中国贡献给世界的不仅是“工业制造中心”，而且是一个巨大的“需求形成中心”。这意味着目前中国要构建培育国家（区域）价值链。

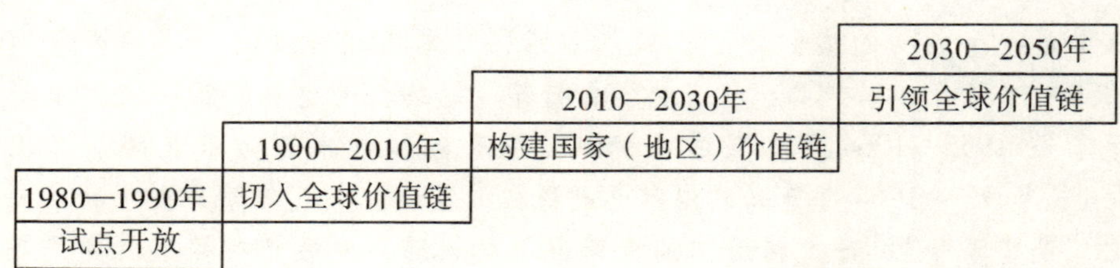

图 2－5　中国全球化进程的阶段性演进

二、开发区是全球化与国家战略互动的引领者与实践者

（一）开发区引领全球化进程

纵观世界开发区的历史，在经过初始阶段港区或园区的经济集聚探索之后，开发区的出现往往是国家（地区）与全球化进程互动的政策产物。设立开发区是一项基于全球化的公共政策。

考察世界开发区发展的路径演变，根据全球化特征变迁，开发区形态随之演进：自由港、自由贸易区—出口加工区—工业园区（经济技术开发区）—科学园区（高新技术产业开发区）—生态产业园区（高端服务产业区）—综合新城。开发区发展的功能形态和产业形态，按照经济发展规律，呈现出从低级到高级的发展态势。

开发区的历史：与全球化互动

开发区的建设最早可追溯到公元前10世纪古代地中海沿岸的亚洲西南部（位于今叙利亚和黎巴嫩境内）的腓尼基（Phoenicia），善于航海和经商的腓尼基人将其南部海港提尔及其北非殖民地迦太基划为特殊商业贸易地区。

从16世纪开始，资本主义生产方式在地中海沿岸兴起，出现了以自由港、自由贸易区为特征的开发区形态，主要从事对外贸易和转口贸易。最早以自由港正式命名的开发区是1547年意大利创建的热那亚湾雷格亨港(Leghoyn)。

17至18世纪，意大利威尼斯（1661年）、法国马赛（1669年）、西班牙直布罗陀（1705年）等自由港或自由贸易区相继开发。19世纪，丹麦哥本哈根、葡萄牙波尔图、德国不来梅和汉堡等城市被宣布为自由港或划出一部分地方成立自由贸易区。20世纪初，瑞士、希腊、瑞典等国相继设立自由港或自由贸易区。

美国从1934年开始在沿海地区建立自由贸易区和具有自由港特征的对外贸易区。现代开发区的建设是从20世纪中叶开始的，以美国硅谷为标志。

“二战”后最早的开发区产生于爱尔兰。为促进出口贸易和工业化发展，爱尔兰于1947年在拥有国际机场的香农首创自由贸易区。1948年巴拿马开发科隆自由贸易区。

在亚洲，中国台湾地区最早兴办出口加工区，1966年12月正式成立高雄出口加工区，1967年设新竹工业园，1971年于高雄近郊的楠梓和台中增设出口加工区。

20世纪七八十年代，韩国、马来西亚、菲律宾、新加坡等国纷纷效仿，兴办出口加工区和自由贸易区一时在发展中国家颇为流行。

20世纪80年代，中国大陆改革开放，建立经济特区和沿海经济技术开发区。

20世纪90年代，越南、朝鲜等国在开放政策指导下开始建立出口加工区、自由贸易区等经济开发区。

表2-1　世界开发区发展进程

时间	类型	功能	集聚模式	分布及特点
开发区萌生至“二战”前约400年	自由港、自由贸易区	转口贸易单一功能	基本要素或初级要素的集聚	世界海运要冲，主要在欧洲国家：被动式、经济殖民式、外向型、自由贸易型
“二战”至20世纪70年代末	出口加工区	出口、贸易双重功能	再生要素、较高形态要素集聚	主要分布在东南亚、非洲国家：主动式、经济殖民式、外向型、特惠政策型

（续上表）

时间	类型	功能	集聚模式	分布及特点
20世纪80年代至90年代	综合型、高科技型	多重经济功能	较高层次要素集聚	主要分布在中国，以综合型为主，美国有自由贸易区和特区：主动式、外向型、特惠政策型
20世纪90年代以来	综合型、科技型、生态型	经济功能、生态功能	创新要素、高端优势要素集聚	高科技型、生态型开发区主要分布在发达国家，综合型开发区主要在中国

资料来源：陈秋玲．走向共生——基于共生关系的开发区发展路径依赖［M］．北京：经济管理出版社，2007：13.

（二）开发区是中国改革开放战略的践行者

中华民族伟大复兴的起点是1978年的改革开放。新中国成立后，内生于当时世界政治格局与重工业优先发展战略的产业布局与地区分工，形成了中国相对封闭的生产价值链。当时中国的工业化处于自我封闭体系中，与世界现代化进程脱节。改革开放就是要打破这种封闭性，就是要和全球化互动。在“摸着石头过河”的探索中，开放是一个关键问题。此时，适逢新一轮国际分工与国际产业转移，需要寻找一种路径融入全球化。从1979年的经济特区到1984年的开发区，都是探索中的可行路径。

经过改革开放后的探索，我们深刻认识到，工业化是不可逾越的发展阶段，西方文明主导的世界体系以及西方工业强国所确定的国际竞争和贸易体制是不得不接受的游戏规则。2001年中国加入WTO，标志着中国勇敢地融入全球化经济体系中。

从中国开发区产业发展过程看，其路径表现为：经济全球化—国际产业分工变化—全球价值链形成与变化—产业集聚发展—产业升级动力形成与变化—开发区乃至区域发展的整体转型升级。

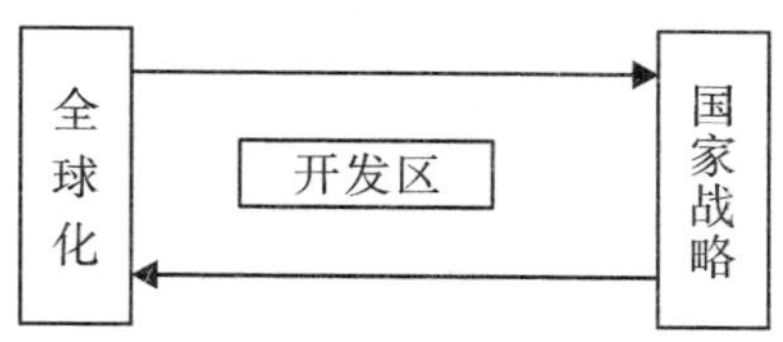

图 2－6　开发区引领全球化与国家战略互动

开发区作为对外改革开放的一个新生事物，在中国的现代化进程中无疑是功不可没的。它为社会主义的市场经济，为社会主义国家的涉外经济，为中国经济融入世界经济做出了非常重要的贡献。

20 年前，中国的经济、中国的市场跟世界是隔绝的，没有交流、没有融合，完全是两个互不相关的格局，如果不打破这种互不相关的格局，中国的经济就不会有今天的发展，在世界经济贸易体系中就会逐步被边缘化。开发区和经济特区在与外国经济的融合上发挥了先锋作用，对国内经济发展发挥了窗口、试验、示范的作用。……它是中国经济开放与世界经济融合的转换器，正是通过这个转换，中国的经济才逐步融入世界经济发展当中去。

——《广州开发区 20 年》

表 2－2　全球化与中国国家战略互动中开发区的定位变迁

国家战略	核心问题	开发区定位	具体内容	具体要求	全球化特征
改革开放，以经济建设为中心	从封闭经济体系中寻求突破，寻求试点，如何开放	1979—1984 年开发区的序幕：经济特区“四窗口”作用	技术窗口、管理窗口、知识窗口、对外政策窗口	实行市场调节，吸收侨资、外资进行建设	

（续上表）

国家战略	核心问题	开发区定位	具体内容	具体要求	全球化特征
改革开放，以经济建设为中心	缺资金、缺技术、缺外汇、缺管理，如何承接国际产业转移	1984年《沿海部分城市座谈会纪要》，开发区的准生证	开放14个沿海港口城市，兴办经济技术开发区	形成利于引进外资、引进技术、引进先进管理经验的投资环境	以计算机为标志的信息产业发展引起国际分工格局调整与国际产业转移，中国香港、台湾地区以及东南亚国家的纺织服装、轻工、玩具等劳动密集型产业向大陆转移
宏观调控，对外开放战略不会变	压缩基建规模；用好特区经验	1985年天津会议：看清路，起好步，打基础，确立工作方针	开发一片，建成一片，收益一片	规模不能过大，建筑标准不能过高，不能脱离财力物力现实	
对外开放战略不会变，改革重点从农村转向城市	鼓励在特区建立外资企业，鼓励在内陆地区、经济开发区兴建外资企业	1986年邓小平题词“开发区大有希望”	明确开发区前景	坚定开发区信念	
		1987年广州会议：工作重点转向抓项目	技术开发为长远目标，经济开发为近期目标	以经济开发养技术开发，以短养长，以低养高	
治理整顿	总结经验，理顺经济关系	1990年上海、天津片区会议：抓管理、讲技术、上水平、求效益	提高效益，拓展国际市场，营造投资环境，提高管理水平	经济效益考核，创汇能力，简化审批提高效率，提高引进项目技术水平	

（续上表）

国家战略	核心问题	开发区定位	具体内容	具体要求	全球化特征
深化改革开放	深入参与全球化进程	1991 年“三为主、一致力”	以工业为主	优化产业结构	国际社会对中国经济制裁，冷战结束，消除政治和经济阻碍，发展中国家成为全球化进程的参与者、推动者，与发达国家有更多交流、合作机会
			以吸收外资为主	优化资金结构	
			以拓展出口为主	拓展国际市场	
			致力于发展高新技术产业	提升技术水平	
南方谈话，社会主义市场经济目标，扩大开放战略	对外开放格局从沿海到内陆	1992—1993 年第二批国家级开发区，苏州工业园区	把沿海开发区经验推广到全国	数量扩张	跨国公司基于降低成本和抢占市场，全球范围内汽车、机械、石化、电子、信息等资本和技术密集型企业加快分工转移
		1994 年江泽民题词“努力把经济技术开发区办得更好”	开发区第二次创业	从外延走向内涵，从数量扩张走向质量提升，从追求速度走向争取效益	
扩大内需战略，西部大开发	区域协调发展	1999 年鼓励外商向中西部投资	允许中西部申办国家级开发区	开发区向内陆省份延伸	
加入 WTO	全面融入国际经济体系	全方位开放	国民待遇原则	财政优惠政策开始相继到期	

（续上表）

国家战略	核心问题	开发区定位	具体内容	具体要求	全球化特征
区域发展战略：西部大开发，中部崛起，振兴老工业基地	遵循市场经济规律，突破行政区划界限，形成若干带动力强、联系紧密的经济圈和经济带	2000—2002 年第三批国家级开发区	开发区遍布全国各地	突出区区合作，强化经济联系	亚洲金融危机与中国加入 WTO，国际资本加快向中国流动，国际产业加快向中国转移，全球知识经济与互联网经济热潮
宏观调控、科学发展观与五个统筹发展	防止经济过热	2003 年《关于清理整顿各类开发区加强建设用地管理的通知》	对各类开发区进行严厉清理整顿	防止盲目开发，占用大量土地资源，提升土地集约化水平	
贯彻科学发展观，创新性国家发展战略，国民经济结构调整	实现经济体制和经济增长方式转变，经济转型和产业升级	2004 年“三为主、二致力、一促进”	以提高吸引外资质量为主	追求外资的数量向质量转变	信息产业与互联网经济深化发展，国际服务业发展浪潮，产业分工高度化演变，能源短缺与资源环境问题
			以发展现代制造业为主	从低端加工组装向高端制造转变	
			以优化出口结构为主	提高出口产品附加值	
			致力于发展高新技术产业	提升技术水平	
			致力于发展高附加值服务业	发展现代服务业	

（续上表）

国家战略	核心问题	开发区定位	具体内容	具体要求	全球化特征
贯彻科学发展观，创新性国家发展战略，国民经济结构调整	实现经济体制和经济增长方式转变，经济转型和产业升级	2004年“三为主、二致力、一促进”	促进国家级开发区向多功能综合型产业区发展	改变靠工业单打独斗的情况，承载综合经济功能	信息产业与互联网经济深化发展，国际服务业发展浪潮，产业分工高度化演变，能源短缺与资源环境问题
和谐社会，国家“十一五”规划	经济发展从量到质，以人为本	2006年《国家级经济技术开发区经济社会发展“十一五”规划纲要》	开发区发展首次纳入国家“十一五”规划	推进开发区发展模式转变	中国成为世界制造中心，2010年GDP居世界第二位，世界经济格局转变，全球能源、碳排放博弈与资源环境等可持续发展问题
转变经济发展方式与人的全面发展，产业振兴规划	从重增长到重发展	2007年落实科学发展观，构建和谐开发区	七大基地	战略产业发展基地，国家技术创新基地，现代服务业基地，集约型和循环型基地，资本密集和高效利用基地，现代流通基地，城乡和谐发展基地	

（续上表）

国家战略	核心问题	开发区定位	具体内容	具体要求	全球化特征
上升为国家级战略的区域规划密集出台，中国和平崛起	区域协调发展，大国形象	国家级开发区分类发展	珠三角、长三角、环渤海、中西部、东北等老工业基地、海峡西岸开发区各有分工	外源型经济与内源型经济协调发展	

（三）广州开发区承载国家战略

广州开发区从诞生之日起，就承载着国家战略。其兴办宗旨和建设目标是：引进国外资金、引进先进技术、引进现代化的管理方法和引进专业技术人才，开发新技术、新产品，为全市、全省和内地企业的技术进步服务。广州开发区的建设项目强调技术的先进性和现代化水平，其目标是要建设一个现代化的、花园式的科技、生产、经营相结合的新技术工业城区，成为广州引进、消化、推广和开发新技术的基地。① 广州开发区成立之初，就立足广州，服务全国。

考察广州开发区发展历程，是按照国家确定的办区方针，并适应世界经济和自身特点来发展的。经济技术开发区的产业发展，总体上按照“三为主、一致力”和“三为主、二致力、一促进”的原则来推动；高新技术产业开发区定位于高新技术产业发展；保税区和出口加工区按国家特殊区域发展物流、出口型产业；推进产业科技园、科学城、生物岛、物流园、知识城等产业载体建设，依靠外资推动、内资联动发展；技术引进为主、自主创新为辅；现代工业产业为主、第三产业为辅，形成了以外向型经济为主并具有一定水平的产业发展格局。

经过改革开放30多年的快速发展和多元化经济社会联系的深入，广州

① 陈俊凤，卢获，陈宪宇．广东改革开放若干问题的回顾——朱森林同志访谈录［J］．中共党史资料，2006（3）：64－82.

被中央政府定位为国家中心城市。在新的时代背景下，尤其是在全球化背景下，作为国家中心城市，广州的建设要体现高层次、高品位、高质量的动态特征。时代赋予广州这一宏大的历史使命，要承载国家战略，面向世界，服务全国，服务粤港澳台合作关系，服务中国与东盟经贸联系，连接珠江东岸外源型经济与珠江西岸内源型经济，引领珠江三角洲地区经济社会转型升级。这一切都意味着，广州这一国家中心城市的建设，定位要高、要远，要实施国际化战略。这既是对广州开放历史传统的传承，又是全球化冲击的必然应对。

广州开发区是广州践行国家战略的核心区域，是广州“东进”战略实施中举足轻重的区域。广州开发区定位发展成为以制造业和高新技术产业为主体、最适宜投资创业和生活居住的广州东部新城区。

《广州开发区萝岗区　国民经济和社会发展第十二个五年规划纲要(2011—2015年)》提出广州开发区的战略定位：依托广州，服务珠三角，辐射华南，面向东南亚，加快将开发区、萝岗区建设成为广州东部山水新城的核心区、广州国家创新型城市的主力区、广州建设世界文化名城的先行区、珠三角地区现代产业集聚区、国家科学发展示范区，成为国际化程度高、经济深度繁荣、生态宜居宜业的新城区。

广州开发区，依托母城，服务母城，需要引领广州肩负的国家战略的实施。未来怎么做？这需要对广州开发区的历史发展加以总结，厘清发展脉络，明晰发展动因，把握未来发展趋势，寻求可行的发展路径。

三、全球化与国家战略互动中广州开发区经济周期特征

开发区作为全球化与国家战略互动的引领者与实践者，全球重大事件、国家战略转型、针对开发区的政策变迁，都对其经济运行形成外部冲击，影响其经济波动的周期性特征。

（一）广州开发区 GDP 增速的波动特征

1992 年邓小平南方谈话，党的“十四大”确立社会主义市场经济目标，广州开发区 GDP 增速高涨；1997 年亚洲金融危机后，广州开发区 GDP 增速下降；1999 年国家实施扩大内需战略，广州开发区 GDP 增速加快；

2001 年中国加入 WTO 后，经济高速运行，后趋于稳步高速增长；2008 年世界金融危机后，广州开发区 GDP 增速略有下降。

（二）生产函数残差的波动分析

生产函数的残差图，体现了经济运行的实际值与理论估计值的偏离程度，反映了外部冲击对经济系统运行的影响。观察广州开发区 GDP 与工业总产值 CD 生产函数的残差图可知，全球重大事件、国家战略转型都对广州开发区经济增长起到一定的正向或反向作用。

1. 重大事件与重大战略的影响

1989 年后西方主要发达国家对我国进行经济制裁，1997 年亚洲金融危机，2007 年全球金融海啸以及 2011 年爆发的欧债危机，都对广州开发区经济增长产生了明显的抑制作用，相关年份的生产函数残差都呈负值，并形成谷底。1992 年邓小平南方谈话与党的“十四大”确立市场经济体制目标，2001 年加入 WTO 组织，对广州开发区经济增长起到“加速器”的作用，广州开发区 GDP 与工业总产值以良好的增长势头迅速偏离均衡状态，残差为正。

2. 开发区政策的影响

针对自然事件、重要战略、经济危机引发的经济增长加速或减速，国务院、相关部门以及广州开发区都出台了一系列政策措施加以应对。

面对 1989 年后西方的经济制裁，我国针对开发区发展需要出台了一系列优惠政策（包括税收优惠、进出口优惠、信贷优惠等）吸引外商来华投资，如《外商投资开发经营成片土地暂行管理办法》（1990）、《国务院关于批准国家高新技术产业开发区和有关政策法规的通知》（1991）、《中华人民共和国外商投资企业和外国企业所得税法》（1991）等，从而带动毗连港澳、具有良好区位优势的广州开发区经济的新一轮高速发展。

1997 年亚洲金融危机爆发，为了扩大需求和调整产业结构，国务院与科技发展部推出《国务院关于调整进口设备税收政策的通知》（1997），对国家鼓励发展的国内投资项目和外商投资项目进口设备免征关税与进口环节增值税；同时出台了《关于加速国家高新技术产业开发区发展的若干意见》（1999），优化创业环境，完善高新区创业服务体系，扶持具有自主知识产权的科技型中小企业。广州开发区很快走出金融危机的负面冲击，残差由负变正。

2001 年中国加入 WTO 后，广州开发区发布了《广州开发区鼓励在留学人员广州创业园兴办项目若干规定》（2001）、《广州开发区关于加快科技创新和体制创新，推动高新技术产业跨越式发展的若干决定》（2002）等措施，以鼓励回国、来去自由、多种形式为国服务的方针吸引留学人员到高新区创业，同时为高新技术产业的跨越式发展进行统筹规划。这些好的外部冲击，形成 2003 年残差为正的峰值。

进入 21 世纪，中国加入 WTO 的良好机遇以及国家的优惠扶持政策，全国开发区遍地开花，出现了违规擅自设立开发区、盲目扩大开发区规模的现象。2003 年，国务院和相关部门颁布《国务院办公厅关于暂停审批各类开发区的紧急通知》《国务院办公厅关于清理整顿各类开发区加强建设用地管理的通知》《关于清理整顿各类开发区加强建设用地管理的通知》《关于清理整顿现有各类开发区的具体标准和政策界限的通知》四份文件。广州开发区响应国家政府部门的号召，纠正开发区越权审批、违规圈占土地、低价出让土地等寻租行为，广州开发区 GDP 和工业总产值也从偏离峰值逐渐回归经济增长的均衡状态。

2007 年金融海啸席卷全球，随后欧元区债务危机爆发，广州开发区经济增长放缓。中央有关部门和广州开发区为调控宏观经济做出了巨大的努力，2007 年至今一共推出了 55 个政策文件，包括《海关总署关于支持扩大内需促进经济增长的十项措施》（2008）、《关于保税物流中心及出口加工区功能拓展有关税收问题的通知》（2009）、《广州开发区科技发展资金管理办法》（2007）、《广州开发区关于进一步加大财政投入力度促进我区经济社会又好又快发展的若干意见》（2008）、《广州开发区千人科技骨干人才计划实施办法》（2009）、《广州开发区鼓励发展金融产业办法》（2010），从税收优惠、人才引进、基础设施完善、服务体系优化等多个方面改善园区经营环境，但是由于外部经济持续萎靡，外向型特征的广州开发区 GDP 与工业总产值偏离均衡状态，差距进一步扩大。

表 2－3 全国与广州开发区相关政策数量统计表

年份	全国	广州	合计	年份	全国	广州	合计	年份	全国	广州	合计
1984	2		2	1994				2004		2	2
1985				1995	1		1	2005	3	2	5
1986	1		1	1996				2006	1	1	2
1987	1	1	2	1997	1		1	2007	1	6	
1988	1		1	1998				2008	5	6	11
1989				1999	1		1	2009	6	7	13
1990	1		1	2000	1		1	2010	4	8	12
1991	3		3	2001		2	2	2011	1	6	7
1992				2002		1	1	2012	2	3	5
1993				2003	4	1	5	合计	41	46	87

注：政策详细内容见附录。

四、广州开发区产业链分布特征与价值链演进阶段

（一）代表性企业的产业链分布特征

表 2－4 调研企业产业链分布表

企业	产业链			生产设备产地	企业类型
	上游	生产产品	下游		
LJ	主要是韩国总公司	中间产品	30% 出口，70% 内销	进口	劳动密集型
JP	全球采购，75% 原材料进口	最终产品，贴牌产品	94% 出口，6% 内销	进口	劳动密集型
AL	食品原料进口，化工原料国产	最终消费产品	主要是国内销售	进口	资本密集型

（续上表）

企业	产业链			生产设备产地	企业类型
	上游	生产产品	下游		
ZX	国内石化企业	中间产品	五羊一本田摩托	多数是国产，少量进口	劳动密集型
JF	国内采购	中间产品	国内外市场	国产、进口均有	知识密集型
LS	开发区某不锈钢有限公司	中间产品	国内销售	进口、国产均有	劳动密集型
KS	面料等国内采购，棕榈油从东南亚采购	最终消费产品	主要是华南地区销售	进口（日本、德国）	劳动密集型
JT	主要是日本总公司	中间产品	东风日产	进口（日本）	劳动密集型
BT	与广州某外资汽车公司共享供应商	最终整车产品	全部出口	进口	劳动密集型
NY	进口、国内采购均有	最终产品	主要是国内销售	进口、国产均有	劳动密集型
BR	国内河南、江苏等地采购	最终产品	高校研究机构	进口（美国）	知识密集型
YC	国内采购	中间产品	创维等	进口	劳动密集型向知识密集型过渡

注：根据调研保密协议，在此不出现企业名称。

（1）自动化生产设备全部或绝大部分进口。这是制约广州开发区企业转型升级的瓶颈之一。高端的生产设备均是进口的，而国产的生产设备一般较为低端，这就是国内产业进一步发展难以跨越的一个坎。从理论上来讲，当国内原有技术水平与从国外引进的先进技术差距较大，而国内相关产业对引进的先进技术的消化又不能及时跟上时，会使国内产业关联受阻，甚至断裂，中间投入的生产设备、生产线依赖进口，产业关联效应将会“外移”，国内产业发展拉动的是国外生产设备、生产线等相关产业的发展。

（2）劳动密集型加工组装企业为主，属于全球代工体系的组成部分；部分企业只是全球价值链的一个节点。课题组调研发现，目前广州开发区的六大支柱产业中对于产值贡献最大的产业基本上集中在劳动密集型产业。比如电子及通信设备制造业中产值排名前五位的，均为劳动密集型的代工企业；交通运输设备制造业中产值排名前两位的两个公司都是跨国公司在中国境内的组装工厂；其他调研企业的情况也显示出行业劳动密集型的特点，除了创新企业孵化器调研企业外，调研企业中绝大多数还是属于低端锁定的加工组装制造业。

（3）部分企业具备了一定的国内价值链或区域价值链特征，这类企业技术性特征明显。

（4）生产最终产品的企业多数是国内市场导向型的，但这类企业不可能担负起国内价值链培育的重任。

（5）生产中间产品的企业，核心元器件主要依赖进口。

（6）产业链分布基本特征：广州开发区企业全面切入全球价值链，具有一定的低端锁定特征；部分企业呈现出一定的国内价值链或区域价值链特征；自动化生产设备的进口依赖，制约未来企业转型升级；国内市场导向型最终产品企业具有产值贡献，但难以支撑转型升级。

广州开发区企业产业链分布的这些特征，是前文所提及的广州开发区经济增长“产值驱动，增加值率低”的微观基础。

（二）若干结论

（1）外资企业为广州开发区经济增长做出了突出贡献，不仅在工业总产值中居于主导地位，更在工业增加值中居于主导地位。外资企业的增长贡献中，中国大陆市场的份额越来越重要。

（2）外资企业的产业链分布，已经由“两头在外”演进为“进口机器和元器件，生产产品，重在中国大陆市场销售”。这表明，外资企业基于利润最大化目的，逐步在中国大陆构建区域价值链，但上游核心环节依然在外。

（3）科技型企业（尤其是民营企业）的自主创新与产业链联系，代表着广州开发区企业转型升级与集群式发展的方向。基于产业链联系的集聚，更能充分发挥专业化分工与协作的效率优势。

（4）基于中国大陆市场的企业，既谋求规模经济，又谋求范围经济。

（5）自动化、标准化、精密化、智能化的生产设备，如何摆脱依赖进口的困境，是广州开发区乃至中国面临的一个关键问题。

（6）内资企业的发展，应是未来广州开发区的经济增长点之一。

第三章　广州开发区未来发展的战略选择与重点领域

一、强国战略与开发区的价值链选择

全球化是开发区永恒的发展动力。开发区作为全球化与国家战略互动的引领者与实践者，要与时俱进，以全球化及其转型作为发展动力。2012达沃斯世界经济论坛的主题是“大转型：塑造新模式”（Big transformation：shaping new models）。其讨论重点是危机引发的结构性反思、制度性变革等深层次问题。美国“再工业化”，欧洲主权债务危机引起的对实体经济的反思，都提醒我们：必须高度重视实体经济对于一个国家（地区）经济安全与经济发展的重要意义；近现代世界经济发展的主题是工业化以及由工业化带来的城市化，这一进程将持续下去。

其他国家工业（制造业）发展的国家战略

2011年6月24日，美国总统科技顾问委员会向奥巴马呈交报告《确保美国在先进制造业的领先地位》。随后，奥巴马启动美国“先进制造伙伴”计划。该计划由道氏化学公司和麻省理工学院共同领导实施，致力于：建设国家安全关键产业的国内制造能力，缩短先进材料从开发到推广应用的时间，投资新一代机器人，开发创新型节能制造工艺。2010年3月4日，法国提出工业发展系列目标和措施，被视为法国雄心勃勃振兴工业计划的新起点。2006年，印度国家制造业竞争力委员会提出《国家制造业白皮书》。2002年，南非提出《南非国家先进制造技术战略》。

大国经济一般经历四个阶段：农业大国—工业大国—工业强国—服务业大国。改革开放以来，中国经济高速增长的主要动力是工业，特别是制造业。工业是中国成为世界有影响力大国最重要的经济基础，直接支撑着中国的国际地位。目前，中国工业正处在进军世界先进制造业领域的关键阶段。环顾全球，世界上只有少数几个国家能够达到高端制造业强国的水平。工业强国可分为两类：一是全面强势型，在工业领域的各个方面、各个行业都具有强势地位和重要影响，如美国、德国、日本；二是局部强势型，如英国、法国、瑞士。中国的目标应是成为全面强势型工业强国。

2011 年 12 月 30 日，国务院正式印发的《工业转型升级规划（2011—2015 年)》明确指出，工业转型升级是实现工业大国向工业强国转变的必由之路。2015 年 5 月 8 日，国务院正式印发《中国制造 2025》。作为工业大国的中国能否成为工业强国，如何在全球化背景下成为工业强国，解决这些问题是中华民族伟大复兴的基础，《中国制造 2025》为之指明了方向。

知识链接

中国制造业企业应向德国学习。德国是一个很成熟的市场经济国家。它的制造业以质量和品牌优势在全球有稳固的地位，是一个出口大国。中国还是一个不成熟的经济体，我们的产品质量、品牌价值远远赶不上德国。所以一旦市场发生波动，首先受影响的是我们。我们只有在质量上、国际标准上有更大的提高，才能在全球市场占有更高的地位。

中国几十年后可能还是一个制造业大国。强大的制造业能有效解决当下中国就业的问题。美国也是这样，美国经济危机后奥巴马提出“重回制造业”和“出口振兴”计划。

从基本国情出发，中国在很长时间里传统产业会占很大比例，当然新兴产业也会占很大比例，但吸纳就业最多的，可能还是传统制造业。

现在 GDP 下行是暂时的，只要我们承认我们的工业化没有结束，工业化进程会解决经济下行的问题。关键是让工业化走得健康，比如环境问题要注意。

——《南方周末》(2012 - 11 - 08)

开发区应该是全球化与中国工业强国战略互动的引领者与实践者。在全球化背景下，开发区企业面临着全方位、多层次的立体交叉竞争：中国企业同中国企业的竞争、中国企业同外国企业的竞争、外国企业同外国企业的竞争，构成了制造业市场竞争的独特画面。开发区的成功突围，需要具备新思维。开发区要形成全球开放性创新枢纽，技术创新与制度创新并进，汇聚全球资源，提升自己在全球价值链上的竞争力。

(一)“微笑曲线”(Smiling Curve) 延伸

打造产业国际竞争力，需要向“微笑曲线”的两端延伸。所谓“微笑曲线”，是指在产业链中研发（材料、采购、设计）、生产（组装、加工、制造）、营销（品牌、渠道、物流、金融）诸环节的附加值曲线，呈现两端高而中间低的形态，即研发和营销环节附加值高，制造加工环节附加值低，大体呈“V”形，很像人笑时嘴的形状。要想提高产业附加值和国际竞争力，不能囿于制造加工环节，必须要向研发与营销环节延伸。

(二) 超越“微笑曲线”

产业竞争力不能囿于某一产业或产品链条。制造业的核心竞争力，不仅仅在于生产多少衬衣、皮鞋、领带、饮料、洗发水、DVD，更在于这些产品是怎样生产出来的。是用人力（劳动密集型）构筑产业链的“血肉之躯”，还是用自动化、标准化、精密化、智能化的机器构筑产业链的“钢铁长城”？如果是前者，面临的难以突破的窘境就是“出口10亿条裤子才能换回1架波音飞机”；如果是后者，则生产效率极大提升，易于实现报酬递增。历史实践证明，“血肉之躯”很难抵过“钢铁长城”。使用自动化、标准化生产设备的企业，生产率可能是劳动密集型企业的几十倍，甚至上百倍。

用自动化、标准化、精密化、智能化的机器，构筑产业链的“钢铁长城”，是一种必然选择。但关键问题在于：这些机器来自何处？是购买（或租用）别的国家或地区生产的机器，还是自己制造？纵观发达国家和地区的历史实践，制造业发展经历几个阶段：手工制造产品—用机器生产产品—用机器生产机器—出口机器。德国在欧洲主权债务危机中所表现的优秀的微观基础在于其生产设备的出口。2011年3月11日发生的日本地震，

“震翻”了全球产业链，使我们明白：世界制造业不能没有日本。日本作为产业立国的典范，其核心在于机器设备和产业基础元器件的出口。日本丰田公司的成功，在于顺利完成从生产产品到生产机器的华丽转身：开始时是生产纺织品，进而生产自动纺织机，为日本第一次经济起飞做出贡献；后来生产汽车，为日本第二次经济起飞做出贡献。

中国制造业，目前尚处于用“机器＋人力”生产产品的阶段。制造业模式是，引进机器设备生产产品进而出口产品，而“用机器生产机器”的环节在境外。未来时期，中国制造业不仅要维持“用机器生产产品”的世界地位，更要谋求“用机器生产机器”。我们不能局限于某一产业“微笑曲线”的拓展，更要超越“微笑曲线”。当然，从“用机器生产产品”阶段迈向“用机器生产机器”阶段，实现机器设备大规模出口来替代产品的大规模出口，将是一个长期的过程。但这一趋势，必须了解和把握，不能出现战略性失误。

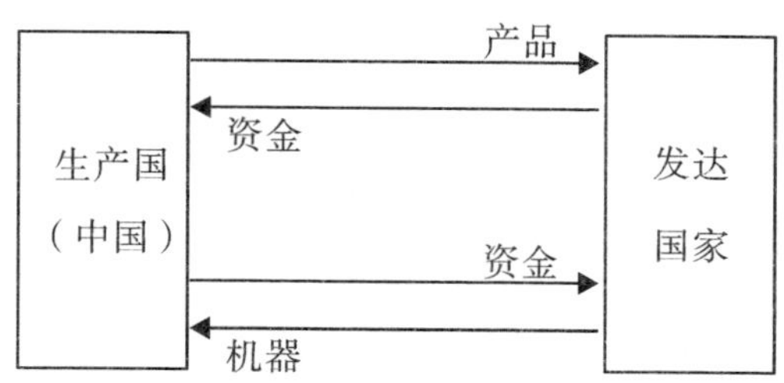

图 3－1　全球机器与产品循环

二、发展思路

1985—2010 年，开发区发展主要依靠全球化带动工业化。未来 25 年，应在全球化背景下，通过工业化带动城市化。开发区经济由大做强，经济发展依然是重中之重。没有经济发展，民生是无本之源；没有工业，经济发展是无本之源；高端制造业是工业发展之本。

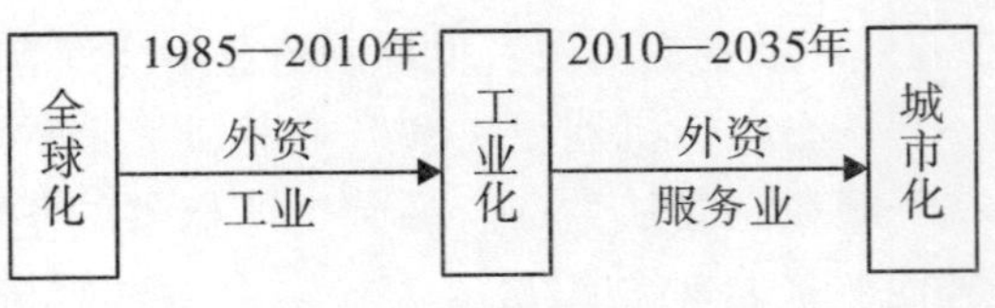

图3－2　发展思路演进

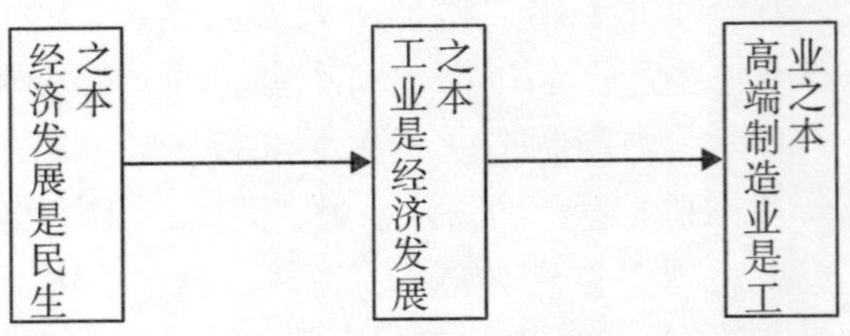

图3－3　发展思路的重点

三、开发区产业发展的战略选择

全球化红利是开发区产业发展的核心动力，通过全方位、多渠道的合作秩序拓展，继续追寻报酬递增。开发区在提升全球价值链地位的同时，要构建国家（区域）价值链；既要向“微笑曲线”两端延伸，又要超越“微笑曲线”。国家战略的核心是产业竞争力。开发区产业发展需要有四大战略选择：“技术＋制造”“金融＋制造”“生态＋制造”“服务＋制造”。

（一）技术＋制造

重点攻关自动化、精密化、智能化、标准化生产机器的技术，提高生产机器的竞争力，把劳动力密集型产品提升为知识密集型产品。

1. 用机器生产机器的背景

（1）人口红利消失与比较优势“真空”。发达国家老龄化速度是“小步慢跑，先富后老”。中国的老龄化是“冲刺快跑，未富先老”。“先老”，意味着中国将丧失劳动密集型的比较优势；“未富”，意味着短期内不可能实现资本密集型的比较优势，比较优势处于“真空”状态。“用工荒”有可能演变为常态社会问题。2000年我国进入老年型社会，而且在加速老龄化，人口红利接近枯竭，剩余劳动力无限供给时代即将结束。

“用工荒”有可能演变为常态社会问题

2000年以来，我国农民工两度内流，2002年、2003年出现了21世纪初的第一次人口向内地回流，导致了2004年珠三角和长三角地区“民工荒”；2006年出现了第二次人口大规模内流，意味着劳动力已经从单一流向沿海地区，变成在全国的多极化流动。2010年的“民工荒”，隐藏着中西部劳动力市场格局变化的影子。随着产业向中西部的转移，四川、安徽等昔日的劳动力输出大省正在向劳动力需求大省转变。

长期看，加薪潮将冲击制造业国际竞争力。自2004年“民工荒”以来，农民工工资开始进入较快的上涨通道，2010年的第二轮加薪潮更加迅猛。短期内，农民工工资上涨未对我国制造业国际竞争力产生明显冲击，一个重要的原因是农民工工资基数低，企业储备了较强的工资消化能力，加薪是弥补历史欠账。研究表明，2008年珠三角地区制造业部门劳动生产率约为美国的17%，而工资只有其的6.7%。但长期看，加薪潮后农民工工资已达到一个新水平，如果继续上涨，将耗尽企业的工资消化能力。如果未来五年农民工工资按“收入倍增计划”翻番，中国制造业盈利能力和国际竞争力将受到严重冲击，沿海地区首当其冲。在今天的欧美地区，资本密集型产业与技术密集型产业居多，人工是最贵的。中国作为制造业大国，其正在进行的道路，在某种程度上也将印证这种规律。未来时期，中国劳动力工资的上升将是一种趋势。“工业较发达的国家向工业较不发达的国家所显示的，只是后者未来的景象。”①

（2）机器革命。资本替代劳动，机器替代工人，已经成为一种趋势。机器的最大好处在于自动化、标准化与精密化。在特定工序环节，机器比工人更具优势。代工企业生产模式在于批量生产，在于规模效应。这样的生产方式转型，或许可以使企业在未来人口红利彻底消失时，保持着自己的生产和竞争优势。由于机器可以批量生产，使用机器的成本将是递减的。

① 马克思．资本论：第一卷［M］．北京：人民出版社，1975：8.

面对递减的资本成本（机器成本）和递增的工资（劳工成本），选择资本替代劳动，是理性的。

在制造业产业链不断延伸，产业融合和产业创新重要性越来越强的发展阶段，装备制造业在中国制造业未来发展中的地位正日益增强，而且装备制造业将越来越成为制造业新的增长点。在制造业新一轮的增长周期中，装备制造业能否像加工制造业一样获得长足的发展，直接关系到中国整个制造业发展的前途，决定了中国是否真的能够成为世界制造中心。这是开发区的使命。

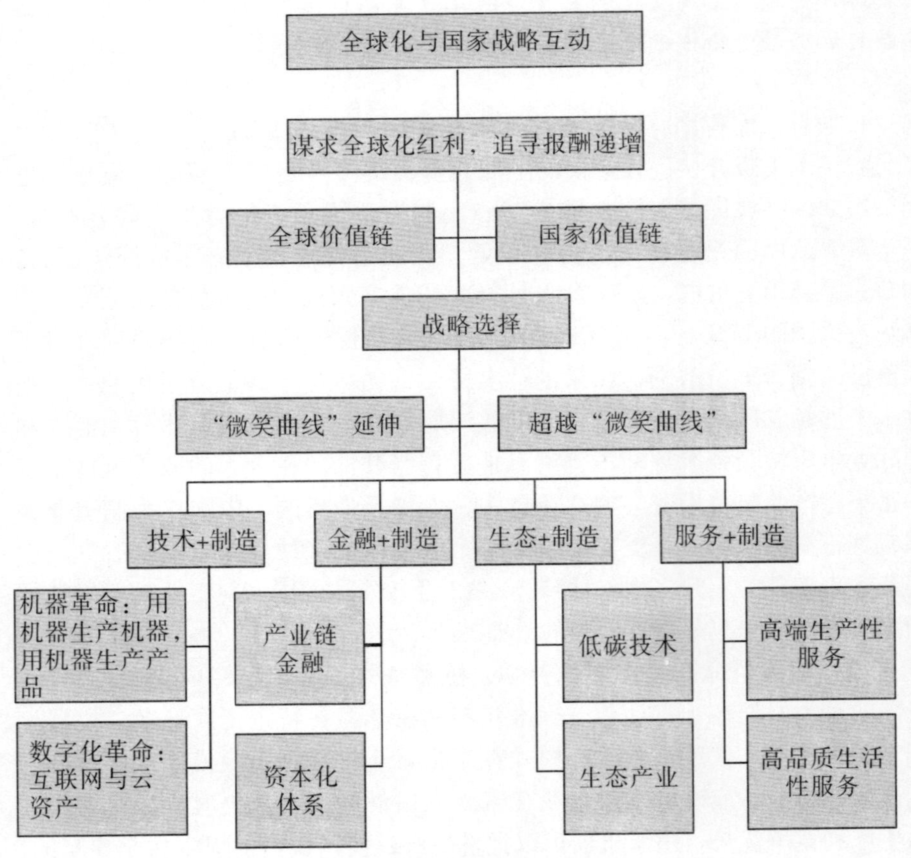

图 3－4　开发区产业发展战略选择

2. 信息革命：制造业的数字化革命已经来临

世界产业发展正处于新技术革命时期和经济全球化进程显著加快时期。信息产品的广泛使用，网络技术的深刻介入，使得几乎所有的产业都越来越依赖于信息技术和网络系统。高度发达的信息技术和网络系统极大地改变了各个产业发展的技术环境和经营条件，改变了产业竞争的业态基础和商业模式。产业信息化的发展和贸易自由化原则向深度和广度的强势推行，使得几乎所有国家的产业发展都卷入了世界经济体系。

第三次工业革命的核心是制造业的数字化革命

制造业数字化将引领第三次工业革命，智能软件、新材料、灵敏机器人、新的制造方法及一系列基于网络的商业服务将形成合力，产生足以改变经济社会进程的巨大力量。制造业数字化将是一场波及全球的革命，正从五个方面向前推进。

一是更聪明的计算机软件。物品通过软件在电脑上转化为三维模型。在电脑屏幕上，从各个角度检测产品，可把产品内部瞧个清楚。通过虚拟技术，可在电脑上对产品进行检测并开发新功能。数字化模型大大提高生产速度并降低成本。

二是新材料的出现。碳纤维被广泛应用于山地自行车、钓鱼竿、航空器和汽车之上。碳纤维和钢材一样结实，但比后者轻一半。用这种材料制造一架飞机，可飞得更远；若是汽车，可跑得更快。人们还可利用碳纤维一气呵成地制造某种产品的大型零部件。

三是更灵巧的机器人。下一代机器人如同现在的个人电脑，非常适用于中小型企业。下一代制造业机械设备将会完全不同，不仅是相对便宜、易于上手，也不仅是取代人们的工作，还会和人们一起工作。它们会抓取、装运、暂存、拾取零部件以及进行清理打扫等。

四是基于网络的制造业服务商。通过互联网，一家位于欧洲的公司可从另一家位于美国的公司那里获得设计图纸和样品，并在中国找到一家加工企业。在线制造业服务商，撮合全球大大小小的企业展开合作并相互购买产品和服务。

五是新的制造方法。如3D打印技术，通过这种技术，可一层一层地“堆砌”出与样品完全相同的产品。3D打印机能制作许多传统工厂做不了的东西。假以时日，这些神奇的机器将可能在任何地方制造出任何东西。

（二）金融+制造

1. 金融工具嵌入产业链与价值链

随着金融全球化，越来越多的商品具备了金融属性，出现了“商品金融化”趋势。商品金融化改变了商品价格的形成机制，价格不仅是由传统的、基于实体经济的供求所决定，更主要是由资本和货币所决定。金融机构取代了传统的商品买家和卖家，成为市场的主导力量。与之相随，金融市场与制造业的关系越来越紧密，传统的“加工制造”产业模式逐步向“金融+制造”产业模式转变。

利用金融市场，金融企业可以为产业客户提供全方位、多层次的系统服务。在向“金融+制造”产业模式转型的过程中，可将金融工具全方位地嵌入产业链与价值链，即运用金融工具进行产业链与价值链全流程的财务再造，这就是产业链金融。产业链金融产生的背景是金融全球化与商品金融化。产业链金融依托的平台是成熟的金融市场体系，且有丰富的金融工具。产业链金融的主要目标是规避全产业链每个环节的市场风险。

“金融+制造”的产业案例

珠三角产业以外向型制造业为主，迈向“金融+制造”产业模式的需求更为迫切。一家生产灯具的企业，需要原料铜，而铜的价格受到全球价格波动影响，需要在期货市场上进行套期保值锁定原料成本。生产出来的灯饰产品主要出口到境外，出口产品价格受汇率波动影响，需要在外汇市场上签订远期合约，或进行外汇期货交易。从原料采购到产品销售，这家生产企业都要把金融工具嵌入价值链的每一个环节，进行财务流程再造。

这是一个产业链金融过程。近几年广交会出现生产企业“不敢接单”，“不敢接长单，只敢接短单”，“不敢接大单，只敢接小单”等现象，表明生产企业亟须向“金融+制造”产业模式转型。

2. 资本化体系

要素市场化，其实质是要素所有者突破时间与空间的限制，实现人类合作秩序的拓展。只有这样，才能做大做强经济组织。突破时空限制，把要素连接起来的途径是资本化。资本化，是把要素（或资源）转化为资本，即把政府未来财政收入流、企业资产（有形资产和未来收入流）、土地等自然资源，劳动者未来收入流等，通过产权化、证券化等形式，转变成可流通的资本，转变为“活钱”，即可以现用的钱。比如国债，就是政府以未来财政收入流作抵押，募集资金，相当于把明天的钱盘活，拿到今天花。1783年工业革命发生在英国的一个重要原因是，政府通过发行国债借款来扶持民族工业发展，而不受短期内税收水平的限制。美国能够以比其他国家快得多的速度创造更多新的财富，重要原因在于美国有着让任何资产、任何未来收入流都能提前变现的资本化体系。要素资本化，盘活一切可以盘活的资源，形成一个对内对外皆开放的经济体系，发挥规模经济的优势，才能促进经济组织突破报酬递减规律的限制，实现报酬递增，实现跨越式发展。开发区制造业大发展，必须形成一个资本化支撑体系。

（三）生态+制造

1. 碳关税的硬约束

欧盟与美国可能于2020年征收碳关税，意味着开发区外向型发展模式必须转型。预计碳关税税率为30~60美元/吨，按每万元产出隐含2.5~5.5吨碳排量，对出口产品相当于加征6%~14%或12%~28%的关税。碳关税可能使工业品出口下降3%~7%。从2012年开始，凡在欧盟起降的航班，都要为超出配额的碳排放支付“落地钱”。这预示着，欧盟行业减排机制将从航空、海运逐步拓展到钢铁、化工等行业，将许多行业置于新型贸易壁垒之下。碳关税影响最大的是高碳产业，如机电、建材、化工、钢铁。如果不改变现有生产工艺，出口将出现“增长衰退期”。开发区制造业低碳化是一项必然选择。

2. 生态产业革命

全球能源与资源的稀缺性以及环境的承载力，都要求发展生态产业，尤其是通过生态产业实现资源的再循环利用，同时实现生态固碳。

部分国家有关碳关税政策

碳关税的提出：2009 年 4 月，在英国伦敦举办的 G20 峰会上首次提出“碳关税”的概念，其指主权国家或地区对高耗能产品进口征收的二氧化碳排放特别关税，目的是实施温室气体强制减排措施。

2016 年杭州 G20 峰会，关注气候变化正是主题之一。峰会开幕前的 9 月 3 日，中国和美国两国元首向联合国秘书长潘基文递交了气候变化《巴黎协定》的批准文书，作为两个碳排放量大国，中国、美国的加入将推动《巴黎协定》的生效过程。按照自主贡献承诺，中国提出到 2030 年非化石能源占一级能源的比重达到 20%。在峰会期间，G20 杭州峰会将会以植树造林的方式，使得因交通、餐饮、住宿等所产生的二氧化碳达到零排放目标，使得杭州峰会成为首个实现“碳中和”的 G20 峰会。

美国：2009 年 3 月，能源部长朱棣文在众议院科学小组会议上表示，为避免美国制造业处于不公平竞争状态，美国计划征收进口商品碳关税。6 月 22 日，《美国清洁能源安全法案》获众议院通过，该法案规定，美国有权对包括中国在内的不实施碳减排限额的国家的进口产品征收碳关税，从 2020 年起开始实施。2009 年 6 月，美国众议院通过《边界调节税法案》。该法案规定，从 2020 年起对进口的排放密集型产品征收特别的二氧化碳排放关税，最终该法案被美国参议院否决。2009 年 7 月 4 日，通过《利伯曼—沃纳气候安全法案》，要求所有美国进口商必须购买相应的许可证，需要购买的排放许可证的数量要等于进口产品在生产过程中所排放的二氧化碳数量，即美国版的碳关税。

欧盟：2011 年 5 月宣布，从 2012 年 1 月份起将航空业纳入欧盟碳排放交易系统，飞经欧盟的航空公司可免费获得碳排放配额的 82%，剩余份额中 15% 将由航空公司通过拍卖方式获取，其余 3% 将被分配给高速成长中的航空公司以及行业后来者，希望通过这个机制来保证欧盟航空业的碳排放逐年下降。全球2 000多家航空公司将被强制纳入欧盟排放交易体系（EU-ETS），这些航空公司在欧洲机场起降的航班，都需要为超出免费配额的碳排放支付购买成本。国际航空运输协会测算，此举将使航空业2012年增加34亿欧元的“买路钱”，而且这一数字还可能随免费配额的递减而逐年递增。

法国：2012年5月18日，新任工业复兴部部长的蒙蒂伯格表示，将重启在欧盟边境征收碳关税计划，并宣称该计划已在欧委会的议事日程之中。当被问及该计划是否意味着对自中国进口商品加增关税时，他表示这将是一种“对外税收”。蒙蒂伯格历来以激烈反对全球化著称。2008年欧委会在气候变化和能源法规草案中曾提出收取碳关税等类似建议。2009年哥本哈根气候大会后法国也曾力推碳关税计划。

除碳关税对国际贸易的“硬约束”外，美国、日本、韩国和澳大利亚还试图推行披露产品在生产和消费过程中产生的二氧化碳排放的“碳标识”计划，这种碳标识将成为新的贸易规则。2007年起，英国在中小企业中推广使用。2010年7月，法国国民议会通过了一项名为“新环保法”的环境法案，要求市场上销售的产品应披露产品生产过程中的碳含量信息。日本于2011年4月实施农产品标签制度。

（四）服务+制造

1. 生产性服务

生产性服务（Producer Service）是指作为商品或其他服务生产过程的中间投入而发挥作用的服务。通过生产性服务，可推动生产向规模经济和报酬递增发展。生产性服务被认为是新兴经济的关键服务，它的扩张与生产经营活动越来越紧密相连，并且越来越复杂化。对于开发区制造业而言，工业设计、营销、品牌是生产性服务的核心方面。

2. 生活性服务

开发区因为产业外向和部分技术高端，吸引国际高端人才，能够做到产业聚人。但需要通过高品质生活性服务，实现“产业聚人，服务留人”。房地产业、交通、国际化社区是生活性服务的核心方面。

四、重点产业与新兴产业的发展选择

（一）房地产业

1. 开发区基础设施投资必将资本化为地产的价值

20多年来，开发区在基础设施方面投入了大量资金，2009年以来每年超过100亿元，这些投资已固化为开发区经济发展环境不可分割的重要部分。开发区基础设施投资，重在其经济社会综合效益。如何使这一部分已经“沉没”的成本“激活”，重新获得流动性，用于持续开发，至关重要。土地出让金是其重要方式之一。土地出让金应成为开发区获得稳定财政收入的一个重要来源，并为开发区的持续发展提供资金保障。开发区历年来对于基础设施的投入资金应该资本化为地产的价值。

广州开发区土地出让金总体规模不大，2007—2011年分别为21.42亿元、9.86亿元、57.22亿元、47.63亿元、87.69亿元，占广州开发区财政收入比重分别为9%、4%、18%、12%、19%。2008年以前，土地出让金以工业地产为主，2009年以后逐步以居住用地为主。土地出让金规模不大的重要原因是土地出让价格较低。土地出让价格是商品房屋价格的起点。这意味着广州开发区商品房价格具有较大上升空间。

2. 东部山水城以及知识城的规划是广州开发区房地产发展的重要机遇

2012年9月，广州新型城市化发展“1+15”系列政策文件明确规划，广州未来要“优化提升一个都会区，创新发展两个新城区，扩容提高三个副中心”。开发区内的广州知识城和广州科学城是“东部山水新城”的核心组成部分，开发区第二次党代会将“打造东部山水新城”写入了未来发展的战略目标。2012年以来，开发区按照广州市“以知识城、科学城为内核，依托东部山水自然形态，高标准规划建设宜业宜居、创新引领的东部山水新城”的规划，结合广州市、萝岗区（2014年撤销）新型城市化发展，全力加快推动东部山水新城建设。

3. 复合开发地产的综合模式

广州开发区复合开发地产的综合模式应该包括以下三个核心：①工业地产体系：开发区现有的工业体系以及科学城、知识城的高端制造业研发生产等；②商业地产体系：写字楼等商务中心是重点，地标型建筑是区域商务的标志，还有商业配套体系的构建；③生活住宅地产体系：高、中、低档住宅的提供，以及公共社区、教育医疗等建设。这三个核心范畴构成多空间维度的复合开发地产体系。

4. 重视商业地产开发

商业地产（包括甲级写字楼等）可以把广州开发区原有的工业生产体系、科学城和知识城的高端制造业、东部山水新城的人口集聚体系等有效地凝聚在一个综合的复合开发体系中，从而使广州开发区得到持续发展的动力。

把商业地产作为区域基础设施极为重要的组成部分来进行科学合理的规划。商业地产项目必须在东部山水新城以及知识城功能指导下实施开发规划，其功能布局应与东部山水新城以及知识城功能布局相协调，并与其招商引资形成统筹关系，与东部山水新城以及知识城的环境、商业、交通的改善相协调。

商业地产的投资收益在整体上体现为长期性和可持续性，坚持“准确定位—运营计划—商业规划和租户组合—工程开发—管理创新”是商业地产取得最大收益的程序保证，其各自关系体现为：开发是运营的平台，招商是运营的组成部分。

5. 利用房地产投资信托进行融资

广州开发区通过 REITs（房地产投资信托基金）上市方式回收投资，兑现房地产投资建设经营收益，可将开发区拥有产权的收益型房地产（包括工业厂房、写字楼、住宅、酒店等工业房地产和商业房地产）打包成 REITs 上市。在 20 多年的建设发展中，为不断完善投资环境，广州开发区建设了一批办公楼、宾馆饭店、商场等商业房地产，以及标准厂房、仓库等工业房地产。显然，在经济高速增长、经济活动高度密集的区域里，土地、房地产的增值空间和收益率比较高是符合逻辑的，这决定了广州开发区具备将收益型房地产作为 REITs 上市的优越条件。

将区域内的收益前景良好但建设资金还没有着落的项目（如广州知识城）以国际通行的方式打包成 REITs 在国内甚至国际股市上市，本身就是吸引国内外建设资金的一个重要渠道。国内外各种资本市场专业中介机构如投资银行、管理咨询公司、会计师事务所等对区域和拟上市的资产组合进行尽职调查、组织投资说明会等，客观上可通过这些国际机构的影响力和宣传，增加开发区在国内、国际市场上的曝光度和能见度，提高区域的被关注和认知程度，扩大对外宣传效果，有助于区域形象的提升，是国内进行投资促进的一种创新和有效策略。

（二）金融业

1. 初步形成以银行为主的格局，广州金融创新服务区建设初见成效

广州开发区投融资体系初步形成了包括银行信贷、风险投资、融资担保、上市扶持在内的“一条龙”融资平台，但现代金融工具尚待发展。根据《广州金融创新服务区建设发展规划》，广州金融创新服务区主要针对金融后台服务，起步阶段将重点放在引进金融后台业务和机构上，但它并非仅是一个后台业务的聚集区，而是要建设成一个前后台业务并举、各类金融机构共存的综合发展金融区。

2. 两大规划与政策机遇

《广东省建设珠江三角洲金融改革创新综合试验区总体方案》已获得国务院批准。2015 年，金融产业发展成为广东国民经济的支柱产业，其增加值占广东省国内生产总值的 8% 以上，到 2020 年达到 10% 以上。该方案的业务突破主要有：鼓励引导民间资本进入金融服务领域；探索知识产权质押融资试点和科技保险业务试点；研究开展房地产投资信托基金和个人住房抵押贷款证券化业务；将深圳市保险改革试验区相关政策扩大至珠三角；推动个人税收递延型养老保险产品试点，探索城市低收入人群参与商业保险的途径；扩大跨境人民币业务试点，开展港澳直接投资人民币结算（之前港澳企业在粤投资，注册资本金需要用美元）；推动粤港澳三地金融从业人员资格互认；允许在粤港资法人银行参与证券投资基金销售业务；推动建立金融专业法庭与仲裁机构。《广州未来十年金融业建设规划》（2011 年 6 月 28 日公布），提出“形成与香港功能互补、在国内外具有重要影响力的国际化区域性金融中心”。广州未来十年将全面实施“金融强市”战略。

3. “先易后难”逐步建成丰富的金融体系

（1）银行业。鼓励并引导银行增设网点，形成便利化的银行网点服务体系；建设为中小企业服务的贷款公司。

（2）保险业。鼓励并引导保险公司增设网点，争取设立服务外向型经济的各类保险机构；开展科技保险业务试点。

（3）期货业。鼓励并引导企业成立期货部，广州金融创新服务区成立期货咨询与服务中心，并逐步成为金融教育咨询中心。

（4）债券市场。创新企业债券和企业融资券的发行机制，积极拓展面向中小企业的集合债、集合票据、短期融资券的发行机制和发行规模，研究房地产信托投资基金和个人住房抵押贷款证券化业务。

（5）股权转让市场。推动广州高新技术开发区企业进入全国非上市公众公司股份公开转让市场。多元化建设开发区内产权交易市场。开展知识产权质押融资试点。拓展 BOT、BT 等项目融资模式。支持并培育企业在国内外上市融资。

（6）财富管理公司。积极发展资产管理公司、融资租赁公司、消费金融公司和财务公司等金融机构。

（7）组建广州开发区拥有所有权的大型综合金融公司。

（三）新兴产业

根据全球价值链的定位，开发区要逐步形成现代产业体系，逐步发展新兴产业。按照产业竞争优势强、主导技术基本成熟、市场潜力大、产业关联度深、实现绿色节能环保等原则，充分发挥区域优势明显、科技创新能力突出、产业基础和引资载体良好、政策环境优越的有利条件，依据短期突破和中长期布局发展相结合、分层次推进产业发展的思路，短期应重点发展高端新型电子信息、新型平板显示、生物产业、新材料、精细化工、高端服务业等六大优势产业，培育发展 LED、物联网等两大潜力产业；中长期布局则应发展新能源、节能环保、高端装备制造三大新兴产业。

1. 高端新型电子信息

表 3－1 高端新型电子信息主要行业的产业链

分类	上游	中游	下游
新一代通信设备	芯片制造、网络测试	网络设备制造、终端制造、系统集成服务、内容提供、服务提供、应用软件开发等	电信运营服务

（续上表）

分类	上游	中游	下游
物联网	芯片制造、传感器设备、执行器设备、射频识别、二维码、智能装置等设备制造	系统集成、信息处理、云计算、解析服务、网络管理、Web 服务等	电信运营服务、管理咨询服务、M2M 服务、原始设备制造服务等
新型平板显示	ITO 导电玻璃、偏光片、掩膜、彩色滤光片、镀膜设备、衬垫料、液晶材料等	TN 面板、VA 面板、IPS 面板、CPA 面板（ASV 面板）、电阻式模块触摸屏、红外模块触摸屏等	电脑、通信、仪器、音响、工业、车用、消费类电子
高性能集成电路	单晶片、多晶片、外延片、单晶棒、芯片黏结材料、感光树脂材料、陶瓷/塑料等材料的研制	芯片制造、高性能集成电路制造设备研制、芯片封装测试设备研制	计算机制造、消费电子、通信设备、工业控制、智能卡等应用
云计算	OS、数据库、虚拟化、信息安全、芯片制造设备、服务器设备、存储设备、网络设备	云平台开发、系统集成、云应用服务、云计算服务、云平台服务	云平台、云计算用户服务

抢位发展“核心产业”（新型平板显示、新一代通信设备），加快培育“新型业态”（物联网、云计算、地理空间信息系统等），积极抢占高端环节（软件与集成电路设计、数字家庭、高端消费电子产品）。建设高端新型电子信息千亿级产业集群，把广州开发区打造成广东省高端电子信息产业发展的排头兵，国内重要的高端新型电子信息产业基地。

（1）新一代通信设备及终端产品。重点发展 3G 和下一代 TD－LTE 通信使用的终端设备；进一步强化新一代通信设备制造，积极发展通信网络核心设备，抢占产业链上游核心环节。依托省级新一代通信设备和终端制造产业基地平台，以海格通信、新邮通信、京信通信、高新兴等企业为龙头，建设新一代通信和电子信息千亿级产业集群。鼓励海格通信、润芯电子、广嘉电子、大三通等积极占领卫星导航产业制高点。加快北斗卫星导航基地建设，进一步促进卫星导航企业集聚，积极争取国家级产业化和应用示范项目落地，推进“北斗”技术全面应用到测绘、航运、物流、机械控制等产业中。鼓励通信设备制造企业与电信运营商开展合作，率先在珠三角布局和建设无线宽带城市，打造国家宽带通信产业集聚区。

（2）高端软件和高性能集成电路。加快广州软件和集成电路战略性产业基地建设，主要发展嵌入式软件、中间件、工业软件和行业解决方案、管理软件、工具软件、信息安全产品、虚拟现实与平台、数据处理和运营服务等高端软件以及信息技术咨询服务、软件外包服务，促进行业应用软件整体解决方案在通信、电力、交通等领域的应用。依托广州国家网络游戏动漫产业发展基地，着力开发具有自主知识产权的动漫作品及衍生产品，强化手机游戏研发，建设基于3G运营的国内动漫产品渠道，打造在全国有强大影响力的动漫技术研发地、动漫产品集散地和销售服务中心。积极承接国际集成电路产业转移，引进世界500强芯片和集成电路企业，重点发展高性能专用芯片设计技术，支持计算机及网络、数字音/视频、智能卡、工业控制、电力、通信、汽车专用等芯片设计，发展新型集成电路封装技术（球栅阵列、系统级、芯片级、方型扁平无引脚、倒扣封装等）、集成光电子技术等。

2. 新型平板显示

平板显示（FDP）技术主要包括发射型显示技术和非发射型显示技术。其中，发射型显示技术包括等离子显示（PDP）、有机电致发光显示（OLED）、场发射显示（FED）；非发射型显示技术主要为液晶显示（LCD），包括源矩阵显示（薄膜晶体管液晶显示，TFT-LCD）和无源矩阵显示（TN/STN-LCD）。目前，全球平板显示产业已进入快速发展阶段，处于市场成熟期。有机电致发光显示产业化进程加快，AM-OLED是其主流技术，已有中小尺寸产品投放市场；电致发光显示（EL）、激光显示灯新兴显示技术处于研发阶段；大尺寸的TFT-LCD面板已处于成熟期，是当前显示产业的主流技术。

根据广州开发区目前的产业基础和周边地区竞争态势，采取大项目驱动产业快速发展模式。在短期致力于做大产业规模，快速占领市场；中长期内不断推进技术升级和提高产业竞争力。重点做大做强薄膜晶体管液晶显示，积极培育有机电致发光显示，中长期内密切关注并择机发展电子纸、激光等新型显示。积极推进液晶电视终端应用创新，向三维（3D）化、网络化、LED 化升级发展。推动品牌彩电、平板电脑等整机厂商与面板厂商及配套厂商垂直整合，建立跨地区产业配套体系。以乐金面板和显示模组大项目建设为带动，加快推进 TFT-LCD 8.5 代液晶面板、玻璃基板、液晶电视模组生产，模组整机一体化和整机产业链建设，逐步形成辐射珠三角地区的新型平板显示研发、制造和应用基地。

3. 生物产业

根据生物产业发展特点，把创新作为生物产业做大做强的核心，积极推进产业化、规模化和市场化。广州开发区根据自身产业基础和发展优势，应围绕基因工程、创新药物及制剂等领域重点发展生物医药产业，积极培育医药研发合同外包服务（CRO）、中试加工与生产服务（CMO）、健康服务等生物医药服务新业态，打造华南地区乃至全国的生物医药创新、制造和服务基地。以知识城、科学城和国际生物岛为核心区，大力引入国内外生物医药研发和医药生产企业，鼓励自主核心技术研发和“首仿”“高仿”研发等多条道路的发展，力争使产业总量规模和种类有大突破、大跨越。

依托国家级生命科学研究院、生物工程实验室、华南新药创制中心以及再生型医用植入器械国家工程实验室、再生型生物膜高技术产业化示范工程等载体和重大项目建设，加快新药筛选、药品中试、临床实验等一批生物产业公共技术平台建设，加速生物技术高端项目集聚，建设产业链完整、高端项目集聚的千亿级生物产业集群。

（1）创新医药。推进化学创新药物、中药药物、重大非专利药物、药物新制剂、药用新辅料等的研发及产业化，重点开发具有自主知识产权、疗效好、副作用小、市场前景大的化学药物创新品种。重点发展新工艺和新剂型开发，加强名优中成药的二次开发，培育中药大品种。在药材、饮片、成药的中药产业链范围内建立统一的技术评价标准，使其逐步与国际市场接轨。

（2）诊断试剂。着力推进高敏度定量分析技术和快速诊断技术产品开发。重点推进传染病、肿瘤等重大疾病的系列临床诊断试剂，产前筛查和产前诊断试剂，食品安全、检验检疫快速检测技术和试剂，诊断试剂重要生物原料（抗原、抗体、工具酶）以及产品质量控制技术和产品标准，标准物质和质控品等领域发展。

（3）生物医药服务。重点发展化学、生物和临床研发（CRO）服务，中试加工与生产（CMO）服务，大力扶持第三方公共医学检测、安全评估、咨询中介等服务业发展，建立生物医药研发创新外包服务体系，推动医药服务外包向高端化、集聚化发展。

4. 新材料

《新材料产业“十二五”发展规划》把新材料的范围界定为六大领域：特种金属功能材料、高端金属结构材料、先进高分子材料、新型无机非金属材料、高性能复合材料、前沿新材料。

依据广州开发区现有产业基础和区内产业发展需求，优先发展高端新型电子信息、新型平板显示、LED等重点产业所需的新材料；围绕周边地区产业发展需求，重点发展纳米材料、高端金属材料、汽车材料、电子信息材料、高性能塑料、高性能碳纤维材料、精细化工材料、特种功能材料、生物基材料等。

（1）高端新型电子信息、新型平板显示和LED产业关键新材料。大力发展新型平板显示材料，大规模集成电路所需的多晶硅、单晶硅及锗硅的外延材料和封装材料，积极发展衬底材料、封装材料、MO金属有机源及高纯气体等。

（2）高端金属材料。以满足装备制造和重大工程需求为目标，发展高品质特殊钢、高强轻合金、高温合金等。重点发展核电钢材和钢板、特种耐腐蚀油井管及造船板、建筑桥梁用高强钢筋和钢板、石油天然气输送钢管等高性能特种钢材、轨道交通用大规格工业铝型材等高端有色金属合金。

（3）纳米材料。重点突破纳米材料及制品的制备关键技术，开发纳米碳管、石墨烯、纳米粉体材料、纳米功能涂层、纳米催化剂等纳米材料。

（4）高性能塑料、碳纤维材料。重点发展具有自主知识产权的阻燃树脂、碳纤维、增强增韧树脂、塑料合金、功能母粒、完全生物降解塑料、特种工程塑料、木塑材料等。

5. 精细化工

精细化工是当今化学工业中最具活力的新兴领域之一，是新材料的重要组成部分。其产品具有种类多、附加值高、用途广、产业关联度大的特点。我国所指的精细化工产品包括欧美所说的精细化工产品和专用化工产品，前者指按不同化学结构进行生产和销售的化学物质，后者指经过加工配制，具有专门功能或最终使用性能的化学物质。从产品分类看，包括农药、染料、涂料（包括油漆和油墨）、医药中间体、橡胶加工等传统产品，以及食品添加剂、饲料添加剂、电子化学品、造纸化学品、塑料助剂、皮革化学品、表面活性剂、水处理剂等新领域产品。

广州开发区今后应重点发展特种精细化工材料；重点发展光刻胶、超净高纯试剂、封装材料、基板材料、平板显示用材料等需求增速快的电子化学品，并与开发区内电子信息、液晶显示等行业形成配套发展；积极发展食品添加剂，加强营养性和功能性食品添加剂的开发，发展天然食品添加剂；引进需求增速快的绿色环保的水处理剂，满足工业用水和生活用水处理需求；依托宝洁、安利等大型龙头企业，积极发展高端日化产品，拓展男士化妆品、儿童专用护肤品等高端新兴领域。

6. LED

LED 是发光二极管（Light Emitting Diode）的英文缩写，是一种能够将电能转化为可见光的固态的半导体器件，它可以直接把电转化为光。目前，广州开发区 LED 产业链基本完整，拥有广州市光机技术研究院、普光科技、赛福节能科技、南科集成电子、威创视讯科技、金发科技、毅昌科技等 20 余家企业，但主要涉及中游器件、模块封装以及下游显示与照明应用环节，产业缺乏龙头企业带动。鉴于广州开发区较好的产业基础和 LED 巨大的潜在市场，未来广州开发区应积极培育壮大 LED 产业；以龙头骨干企业发展为带动，大力发展 LED 照明系统、高效能 LED 背光源等，积极推进产业链上游衬底、高性能外延、芯片等高端环节，大力支持 MOCVD 等关键设备研发及产业化；围绕 LED 设计创意、服务外包等发展探索新型业态；发挥本地产业优势，推进 LED 技术向汽车、液晶显示、家电、电子消费品的渗透应用，推动 LED 产品的应用示范。

7. 物联网

物联网被称为继计算机、互联网之后，世界信息产业的第三次浪潮。它主要通过无线传感、射频识别（RFID）、红外感应器、全球定位、传感器等技术，按约定的协议，把物品与互联网连接起来，进行信息交换和通信，以实现智能化识别、定位、跟踪、监控和管理的一种网络。

广州开发区是省内物联网企业集聚最典型的区域，以智能识别技术、地理空间信息技术、新一代网络通信技术为核心应用的物联网产业形成了超过

100 亿元的产业规模，未来五年内将以近 30% 的年增长速度实现快速发展。

加快建设广州物联网产业基地等战略性新兴产业基地，依托芬欧蓝泰、广电运通等龙头骨干企业，做大做强智能识别、敏感元器件、RFID 标签等物联网装备制造业，物联网系统集成及应用服务、卫星应用和地理信息应用等物联网服务业；强化广东省数字广东研究院、广州市光机电研究院等研发机构服务功能，着力培育物联网服务运营、物联网软件和技术服务业等新型业态；积极参与国家和省市关于物联网关键技术标准体系的建设，大力推进物联网技术研发、应用示范和产业化，推进物联网产业在北斗卫星应用、移动物联、4G 网、智能识别、云计算、网上商城等方面的应用融合，争取全国智慧市区试点示范工程，建设全国物联网应用先行示范区。

8. 高端服务业

根据联合国经济活动标准产业分类和我国国标分类，高端服务业主要包括六个门类：现代金融业、航运与现代物流业、专业服务业（中介服务业）、信息服务业、文化产业以及休闲产业。

以知识城建设和科学城发展为依托，从创意、研发、培训等领域方面为六大支柱产业和重点发展的战略性新兴产业发展提供生产性服务和高品质生活性服务。把创意设计、电子商务、金融创新、研发服务作为参与全球经济中高端竞争的四大重点领域，同时积极培育高端物流、国际会展、教育培训、文化创意四大潜力领域。

（1）创意设计。创意设计以工业设计为主，以广告设计、建筑装饰设计、时尚设计等为补充的“1 +3”综合创意设计产业体系。工业设计立足本区域和周边地区产业基础和升级诉求，发展先进装备制造设计、汽车及其零部件设计、家用电器设计、包装与模型设计、信息产品设计、纺织服装设计等业态。加快广州开发区国家新型工业化示范基地建设，推进创意设计企业进一步集聚。依托“广州国际设计周”和“红棉奖”等创意比赛和活动等，积极打造“创意萝岗”品牌，建设全国重要的创意设计基地和具有全球影响力的国际工业设计创新中心。

（2）电子商务。重点推进电子商务应用模式创新，鼓励建设具有国际影响力的大宗商品及资源交易平台、新型 B2B 电子合同谈判签约平台、电子单据服务平台，以及财经资讯等专业服务平台。积极扩大以钢铁、煤炭、酒类交易为代表的大型专业市场网上交易规模；构建物流综合配送体系，加快物流反应速度；支持信息技术、节能技术等先进技术在商贸流通领域的示范应用，支持电子支付、物流、信用服务、安全认证等支撑体系建设与电子交易的集成创新，加强技术应用与商务模式创新的有机结合。

（3）金融创新。多方渠道大力引进金融、保险、证券及各类投融资机构入驻，运用政策鼓励各类金融企业进行服务创新；重点促进金融后台服务、股权投资基金与融资创新等，金融机构、投资企业提供配套服务，将广州开发区建设成国内知识型金融创新服务区、金融后台服务中心；引导各类金融机构为企业尤其是为中小企业、私营企业提供各式金融产品，探索知识产权质押融资、应收账款质押融资、融资租赁等，鼓励风险投资机构为区内企业开展投融资服务，引导各类证券公司对开发区企业进行上市辅导。

（4）研发服务。重点发展跨国公司的区域总部和研发中心、国有和民营大企业研发中心、公共技术研发和应用平台；以技术研发能力提升和促进科技成果转化为核心，加强在全球范围内引进各类研究机构，促进广州开发区科研机构聚集。建设“全球知识产权交易系统”和“知识产权保护系统”，建设知识产权交易全球性市场；加强产学研合作，构建专业化、网络化、社会化公益研究和科技中介服务体系，促进科研成果的产业化。

（四）都市农业

农业、工业、服务业是一个系统，都市农业恰好是一种融合路径。广州开发区发展都市农业，恰好是建设东部山水新城的一种探索。广州开发区都市农业发展已经具备了较好的基础。

可以用工业化的理念发展都市农业，荷兰用工业化的理念发展都市农业的经验值得借鉴。广州开发区应重点发展服务型都市农业与高新技术型都市农业。

五、区域整合与区域联系

（一）区域整合

1. 多区合一的功能差异与体制政策差异

广州开发区是多区合一，包含经济技术开发区、高新技术开发区、出口加工区、保税区、行政区、中新知识城、国际生物岛等。各区在功能定位、经济特征、主要产业、政策优惠、目前发展基础、未来发展走势等方面具有差异。

由于各区产业分工不同，发展阶段不同，功能定位不同，应该各自发展，相互融合，灵活运用体制政策差异。“多区合一”的最大体制优势是进行政策优势分工，按照体制政策优势差异灵活布局流动性资产，充分发挥政策优势的效率。

表 3－2　广州开发区“多区合一”体制

区域类型	功能定位	经济特征	产业	政策	目前基础	未来走势
经济技术开发区	国家级；经济功能区	外向型	工业（制造加工业）为主	借鉴经济特区，优惠政策逐步减弱	形成工业体系，企业根植性不强	未来形成内源性生产能力
高新技术开发区	高新技术产业开发区	内源与外向型	知识与技术；科技转化为生产力	享受优惠政策	科学城是核心，五个功能组团区：电子信息、生物医药、新材料与新能源、综合研发孵化服务区、生态保护区	创新基地；科技创新孵化体系；创业中心
出口加工区	专门制造、加工、装配出口商品的特殊工业区	外向型	工业	境内关外；从中国进入该区物品属于出口，可以退税；从该区进入中国境内物品是进口，征收关税和进口环节增值税	区内已形成特定企业形态；区外企业存在“一日游”获得出口退税现象	继续发挥税收优惠政策优势；防止“一日游”现象；完善区内配套设施

（续上表）

区域类型	功能定位	经济特征	产业	政策	目前基础	未来走势
保税区	综合性对外开放特殊经济区域，境外与保税区之间货物进出自由、外汇进出自由、人员进出自由	外向型保税仓储、出口加工、转口贸易	国际贸易、保税物流、加工制造	“免证、免税、保税”政策，境内关外	四个功能园区：电脑工业城、南方进口汽车城、出口加工园区和国际物流园区	发展运输、金融保险、信息咨询、商业零售等业务；保税物流园区与黄埔新港码头联动发展
行政区	广州东部山水新城，综合区：行政功能；社会功能；生态功能	统筹综合、辐射带动、统筹城乡发展	工业与服务业良性互动，产业发展与社会发展互动	行政区管理体制	服务业、社会事业起步发展	在全球化背景下，实现工业化与城市化良性互动
中新知识城	成为中国自主创新的先行区、知识经济的高地、推动珠三角地区产业转型的强大引擎、中国—东盟区域性创新中心和生态宜居的新城区	外向型、知识城、生态区	研发服务、创意产业、教育培训、生命健康、信息技术、生物技术、能源与环保、先进制造八大支柱产业，知识密集型服务业为主导，高附加值制造业为支撑，宜居产业为配套	中新合作的特殊体制	已有规划，刚刚起步	未来知识密集型新增长极

（续上表）

区域类型	功能定位	经济特征	产业	政策	目前基础	未来走势
国际生物岛	国家发改委批准的广州国家生物产业基地的核心载体，生物技术和医药产业的一流研发和孵化基地	以引进高端研发和总部中心为主，与科学城形成产业链和价值链互补	产业方向为生物新药创制、生物能源、生物信息、基因工程与蛋白质工程和海洋生物等研发。综合性生物高新科技开发，以生物信息研究为纲，带动药物、医疗、材料、食品、保健、环境保护等领域开发；以中医药现代化和功能基因研究为重点	《珠江三角洲地区改革发展规划纲要》把广州生物岛项目上升为国家战略	在功能布局上，国际生物岛逐步建成科研生产区、技术服务与生活服务区、居住区	具有较高技术开发能力的研究产业群，以获得系列化、批量化、具有自主知识产权的科研成果和技术产品，即研究产业化，成为具备国际一流水平的生物医药研究与开发基地

2. 从“两城一岛”到“两城两岛”

广州开发区实行滚动分片开发，目前形成西区、东区、永和区、科学城等几大区域，区域联系有待加强，尤其是要共享经济发展的公共物品。未来要重点发展知识城、科学城、生物岛（即“两城一岛”）。其中，西区是广州开发区发源地、精神之地、三江交汇之处，同样具备明显区位优势，面临改造升级任务。这是一个涉及重大战略性空间布局的问题。课题组认为，应高度重视西区的战略地位，并提出“两城两岛”（加上西区半岛）

战略构想，即把西区纳入第四大战略性平台。

3. 中新知识城

（1）借力新加坡。知识城的开发建设主要通过与新加坡成立合资公司，通过新加坡、广州开发区共同招商，借用新加坡对广州开发区建设的名气造势，提升外界对知识城的重视程度。与新加坡的合作更多是对拓展招商渠道的考虑。

（2）跳出新加坡。新加坡善于应用政治博弈手段，必须有效应对。当年新加坡的成功在于运用全球资源。知识城一定要有全球大视野，利用各种渠道和欧洲、北美有实力的经济主体实现“握手”。

（3）以我为主。知识城土地等资源的利用，还要广州开发区自己把握，怎么开发还要由广州开发区决定。知识城要吸取科学城在配套设施落后等方面的经验教训。

（二）区域联系

广州开发区依然并长期是广州市的关键增长极之一，随着珠三角地区城市边界的消融，广州开发区与周边地区的竞争关系逐步演进为竞合关系。

在未来的发展进程中，广州开发区要借助都会区尤其是天河区总部经济和国际金融城的服务优势，把其生产性服务业与广州开发区内的企业有效地融合起来。

广州开发区要借力南沙新区，拓展自身产业的发展空间。对外要形成“两大新城区”的统一品牌，对内要寻求合作空间。广州开发区可借助南沙新区的海洋经济与航运物流服务业，发挥自身的生产体系优势，在生产领域寻求合作机会，并在生产性服务领域寻求资源共享，强化直通港澳的交通配套服务。

建议广州开发区成立“开发区—南沙—番禺—东莞”四地合作框架与合作机制，充分发挥西区半岛的地缘优势。

第四章　广州开发区经济发展面临的主要约束

一、发展理念约束

理念是引导发展的旗帜。经过多年的发展，开发区人需要预防使命意识淡化，需要防止职业倦怠，需要防止由开拓进取变为动力不足，需要精神力量的刺激，需要再次认识肩负的责任与使命。

（一）全球化理念

英国《经济学家》周刊曾于 2005 年 11 月 5 日刊载英国作家塞缪尔·约翰逊的名言：“厌倦全球化就是对自己生命的厌倦。”

开发区是全球化与国家战略互动的引领者与实践者，要用全球战略眼光来看待一切问题。全球化时代，发展问题已经演变成各经济体获取竞争优势的活动。开发区必须在分析和掌握自己的有形资源和无形资源的基础上为增强竞争优势而努力。要做到这一点，不仅需要从全球吸收、学习和凝聚资源，形成全球资源配置能力，更要顺应产业结构和经济社会结构的演进规律，努力走到世界生产前沿，建立全球最佳生产方案。

（二）工业化理念

工业化的实质是工业文明渗透到经济社会生活的各个环节。由于嵌入全球价值链的若干环节，开发区从业者对工业化的实质缺乏全面、系统、深入的了解，或者说未能充分享受到工业文明，需要运用工业化理念重塑经济社会运行方式。工业化理念的实质是工业精神，包含合作精神、契约精神、效率观念、质量意识、科学观和创新精神、持续发展观。欧美国家的工业文明，表面上源自发达的科学技术，内核则是工业精神的引领，重视理性，重视实业，重视科学与创新，提倡合理谋利和多边共赢。工业化的标志之一是产品的标准化，其背后是由一丝不苟的职业文化支撑的，包括流程的标准化、劳动操作的标准化、使用工具的标准化、工作环境的标准化等。在培育产业运行标准的过程中，亟须培养工匠精神。工业化理念是支撑产业报酬递增的基础条件。

（三）市场化理念

开发区践行全球化与工业化的制度契合点是市场经济。未来，能否继续谋求市场经济的制度红利，两个判断至关重要。第一个判断是：社会主义市场经济体制改革尚未完成。市场经济体制基本框架、关键环节、支持系统还有待完善，还有很大的改进空间。这些改进，将释放巨大的经济发展效应。第二个判断是：广东与全国一样，仍处于并将长期处于社会主义初级阶段。开发区虽然是先行先试者，但改革开放之路依然很长。建立市场经济体制，我们不可能用几十年走完西方国家数百年走过的历程。谋求市场经济的制度红利，绕不开政府和市场的关系。人们对政府与市场关系的认知，逐步超越“替代”理念，演进到“互补”关系：政府与市场应该“握手”，政府的职能在于增进市场，完善市场功能与丰富市场体系。“政府政策的职能在于促进或补充民间部门的功能。政府政策的目标，被定位于改善民间部门解决协调问题和克服其他市场缺陷的能力。”①

在利用市场化理念聚集、配置全球资源的同时，要树立营销理念。无形资产的价值量是无限的，对于区域品牌的营销至关重要。开发区不仅要务实，也要务虚，要善用媒体，善找题材，善于宣传。尤其是要善于借助大型活动，宣传开发区与相关企业。

秉承这些理念，开发区需要总结经验，正视问题。广州开发区 20 多年的发展，积累了丰富的经验，形成了科学的发展模式，需要总结；错失了哪些机遇，为什么会失去，需要总结；广州开发区的发展，存在哪些短板，需要总结。

---

① 青木昌彦，穆尔多克，奥野（藤原）正宽，等．东亚经济发展中政府作用的新诠释：市场增进论［C］//青木昌彦．政府在东亚经济发展中的作用：比较制度分析．北京：中国经济出版社，1998：1－44.

二、体制政策约束

(一) 正视体制摩擦力

制度是影响经济增长的关键因素，制度变迁能释放巨大的经济发展效应。广州开发区（经济区）与萝岗区（行政区）的合并，是一次巨大的制度变迁。这次变迁，拓展了开发区经济体的生产可能性边界，其经济绩效的显现，将是一个长期的过程。制度变迁是一个过程，体制摩擦是一个必经的阶段。开发区人必须正视体制的摩擦力，才能形成体制的向心力，才能突破体制的效率约束。开发区体制与行政区体制的摩擦，可能会对经济社会的快速发展形成约束。如果处理不好，会降低开发区的决策效率、运作效率，弱化其精简、高效的体制优势。

(二) 正视优惠政策弱化

由非均衡增长走向均衡增长，是一个必然逻辑。随着改革开放由局部先行走向全面推进，开发区作为“经济特区”的地位逐步消失。开发区体制设计自主安排的独特优势①逐步弱化，必须要转型。

WTO 规则是一项强约束。中国加入 WTO 后，开发区在对外开放方面的特殊优惠政策逐步取消，利用外资所依赖的政策扶持逐步让位于市场客观因素，竞争从制度差异走向制度同化或统一，吸引外商投资决定于市场和法律政策效率。

开发区肩负着谋求美国、欧盟赋予中国市场经济地位的重任，优惠政策弱化是一个必然过程。

(三) 重视政策的可操作性与有效性

调研过程中，部分企业反映，开发区政府机构越来越健全，审批过程却越来越复杂，效率也越来越低。政府办事流程正规化带给企业事项审批

---

① 表现为政府和企业混合运作、职能上强授权、行政及级别层次、财政与税收的优先性、地方政府直接保护、减少社会性管理负担等特殊政策。

的复杂化。政府制定的很多条例、规则没有事先征求企业意见，不具备操作性，许多优惠政策没有得到真正落实。正规化本身没有错，但要提高效率。

根据调研，实施“一企一策”，相关部门要求上报每月生产经营数据的时间在企业每月结算之前，因此企业上报的数据为相对保守的预计数据。但每年兑现优惠政策的数据以每月上报数据为准，没有以企业年终审计报告的实际数据为准，导致企业不能享受两者之间差额部分的优惠。

根据调研，防洪堤围费按照产值（或销售额）征收，使企业负担过重。有企业反映，员工公寓楼水电费未按居民水价、居民电价计算，增加了成本。

（四）政府目标与企业目标的非一致性

调研过程中，部分企业反映，地方政府对 GDP 目标定得过高，急于求成的心态带给企业很大的经营压力。保增长涉及许多方面，增加产量受到设备和配套设施的约束；跨国公司生产规划性较强，任何一个环节想提速，都涉及全方位的计划和生产活动，突然增加产量而打乱生产计划，无法向股东交代。

（五）重视政策协调性

（1）政策滞后性问题。如有公司反映，广东、广州关于外商直接投资的指导目录中没涉及汽车变速器，后经争取才有；进出口设备、原材料时，没有海关编码（汽车零部件 CVT 最高端，海关编码未列出），因而就没有进出口免税鼓励。锐博生物公司的基因科研试剂出口时，海关尚不具备检测技术，因而该产品没有海关编码。这需要政府及时收集企业产品信息，上报相关部门。

（2）政策与国际接轨。有企业反映加班问题，《中华人民共和国劳动法》规定员工每月加班时间禁超 36 小时，而按照国际电子行业协会（EICC）的标准是 80 小时。员工有加班的需求，希望通过加班获得更多的劳动报酬。

三、企业组织形态约束

多年来，广州开发区的企业，从无到有，从少到多，从小到大，企业组织形态逐步丰富，但由于广州开发区特定的历史使命和发展路径，目前形成了非均衡的企业组织形态。

（一）外资企业占主导

外资企业居于主导地位，造成广州开发区对重要增长点和重点税源过于依赖。如最终消费品龙头企业的宝洁公司、安利公司，2011 年占广州开发区财政收入的 21% 和税收收入的 27%。这需要进一步培育新的增长点和重点税源户。对待外资企业要避免前车之鉴，例如天津开发区一开始过于依赖摩托罗拉的品牌优势，后来摩托罗拉因在与苹果的竞争中处于劣势，对天津开发区的发展造成影响，幸好天津开发区又及时引进三星系列。

广州开发区有世界五百强企业 110 多家，但总部数量很少，与上海不是同一个级别，甚至不如深圳。五百强企业对广州开发区的定位是利润中心而不是管理中心。只是制造，不仅没有总部，甚至没有营销，广州开发区处于产业链低端。同时，外资企业总部的根植性不强。

（二）没有形成强大的国有企业

作为广州开发区的“长子”，开发区三大国有企业在成立初期定位明晰，各有分工。广州开发区的建设，三大国企发挥了很大的作用。20 世纪 90 年代末期国企改制，三大国企地位下降。现在则定位不清，业务混合、趋同，行业特点不明显，在项目分配上“分猪肉”。三大国企资产规模不大；国资、凯得公司由融资平台变成经营性公司，资产规模也不大。

政府对国企应有明确的定位。但目前政府对国企的态度具有选择性，在困难时期指出国企应当承担社会责任；在有项目的时候则指出国企是市场主体，国企应当自主竞争。只有国企壮大了，政府遇到情况才能够更好地操控，才能有更强的承受力，要把三大国企培植成政府的“手”。国企应实现“看得见的手”与“看不见的手”握手。

（三）内资企业处于成长期

广州开发区引进的80%～90%是外资，内资企业（多数是科技型企业）的引进还处于成长期。贡献较大的是央企，如宝钢、石油等。民营企业有上市公司，但总体规模较小。

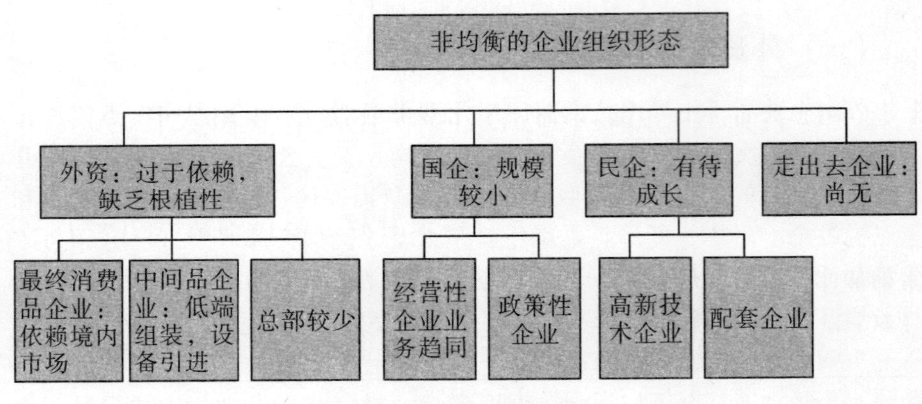

图4－1　企业组织形态约束

四、资本与金融约束

金融是现代经济运行的核心。目前广州开发区的资本体系呈现非均衡状态。

（一）基础设施建设过多依赖财政

广州开发区成立以来，基础设施投资主要依靠财政。

（二）没有充分利用社会资本

广州开发区基础设施投资，较少使用BT、BOT、PPP等融资模式，财政资金始终不够。不引入社会资本，单纯依靠自己有限的资源，融资受到约束。

（三）没有形成资本化体系

债务融资规模较小。应在有效控制债务风险的前提下，研究合适的债务规模。负债比率很难控制在国际警戒线内，不负债就会影响发展速度。股权融资有待培育，风险投资、天使投资、私募基金等尚未发展起来。比如广州开发区存在资产闲置问题（如法院、检察院办公楼闲置），可通过股权流通盘活资产。科技金融有待发展，没有充分发挥金融杠杆作用，制约科技型企业的发展。未来，融资是广州开发区主要的努力方向，有必要积极探索新的融资模式。

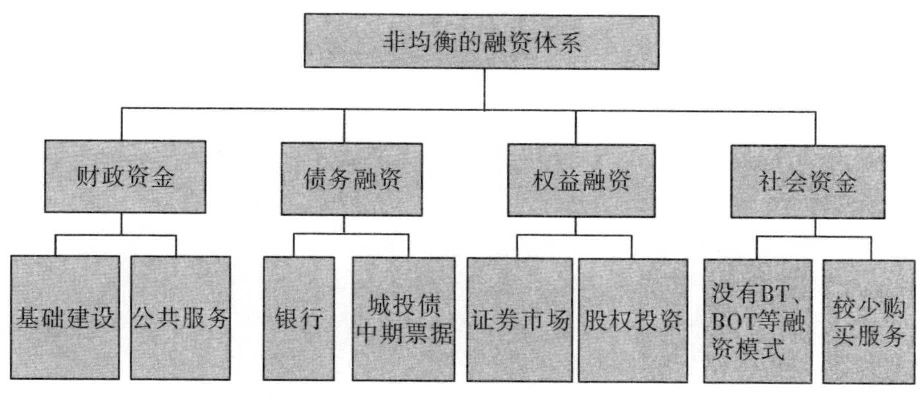

图 4－2　资本与金融约束

五、人才约束

因人口红利而享受全球化红利的广州开发区经济，目前面临着全方位、多层次的人才约束。

（一）产业工人的供求格局变化

根据调研，多数企业反映，“用工荒”是一种常态，广东对产业工人的吸引力下降。部分企业用机器人（机械手）替代劳动力。部分企业反映，很难招到所需专业的人才。加特可公司反映，由于学校专业设置与生产的高度分工之间的差距，只能招专业接近的人员，在毕业前一年半招实习生，再培养成正式员工。更为重要的是，产业工人需要系统化培养与实践，需要真正的职业技术学校体系。不能仅仅依靠外来务工人员与企业的“干中学”模式，这样造成的局面就是：广州开发区免费为其他地区培养熟练工人。

（二）高级技术人员的政策有效性

有企业反映，国外企业的很多技术型专家，实践经验丰富，主持过大型生产项目，但没有和国内职称体系相对应的资质证书（教授、研究员、高级工程师等），难以按照标准享受政府补贴。引进境外专家的成本过高。有企业反映，曾从美国汽车城底特律引进两位技术人员，每人每年成本约500万元，包括房子、薪资、衣食住行、翻译等。

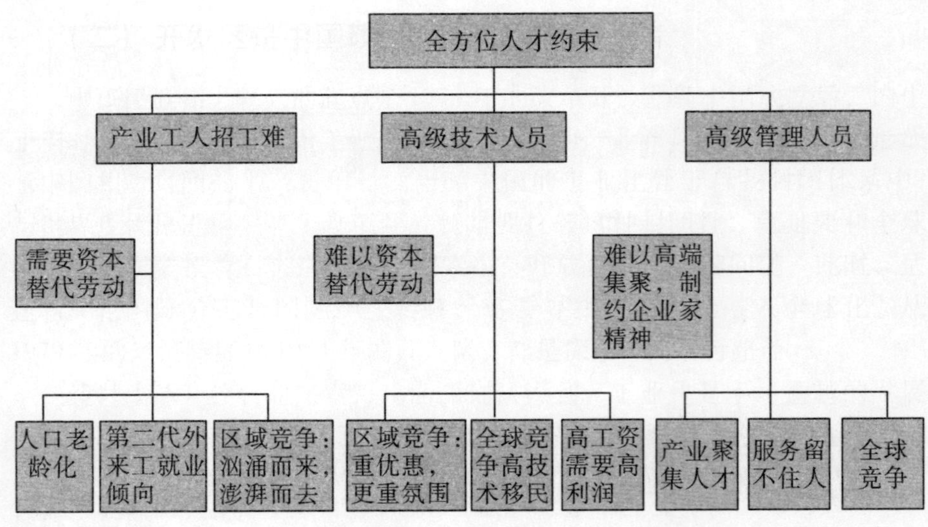

图4-3 人才约束

六、生态约束

（一）绿色壁垒

全球以“保护环境”为名义的绿色贸易壁垒逐渐兴起，特别是近年来全球经济的不景气更加坚定了发达国家使用绿色壁垒的决心，以“碳关税”“碳标签”等为代表的隐性绿色壁垒正逐渐成为国际贸易壁垒未来发展的主要趋势。

（二）能源紧缺

广州开发区所需能源大都依赖外部输入，原煤、电力、石油、天然气等能源资源紧缺现象时有发生，生物能源尚未起步。

（三）低碳技术

广州开发区需要引进和研发固碳技术和低碳技术，有待熟悉并掌握国际排放量测算方法、融资方式、市场规范措施、项目申报程序等问题，有待研究广州开发区温室气体减排的潜力、成本与效率。

（四）生态产业

生态产业发展需要系统推进，在尊重原有地形地貌、保持原有生态系统的同时，形成生态产业的规划布局，完善生态设计。

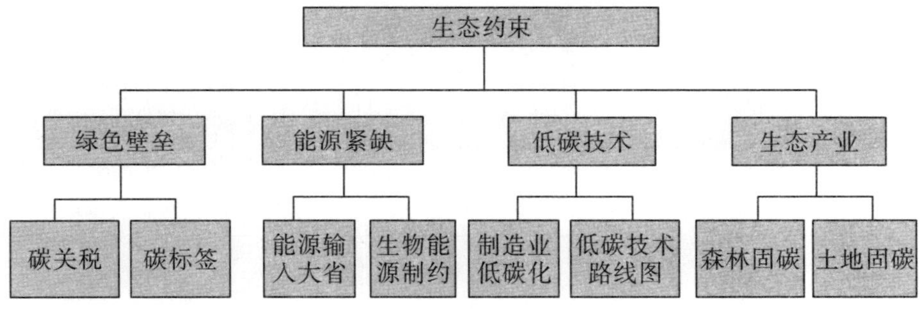

图4－4　生态约束

七、服务约束

（一）生产性服务滞后

生产性服务主要包括：①专业服务：法律、会计、管理咨询、组装与构造、工程、测量等；②信息和中介服务：电信、电影、广告与市场研究、信息技术服务、出版业等；③金融保险服务：银行、保安、保险、风险投资、债务市场、基金管理等；④贸易相关服务：会展、进出口贸易、航空运输、海上运输、快件、仲裁与调解等。目前广州开发区生产性服务有待系统化、全面化。

（二）生活性服务严重滞后

多年以来，广州开发区发展以工业为主，排斥房地产业的发展。与行政区合并后，广州开发区面临生活配套设施不全、社会管理较为落后的现实，在商业配套、人居环境、教育、服务业项目等方面需要弥补历史欠账。广州开发区城市化任重道远。

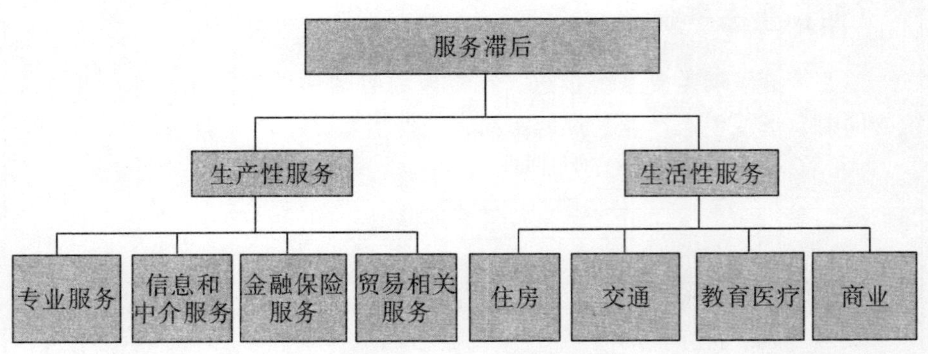

图4－5　服务约束

高雄出口加工区的超前设计

1966年，高雄出口加工区建立。其软、硬环境基本同步建立，各种设施一应俱全：区内设有管理处、海关、银行、邮局、税捐稽征所、加油站、仓储运输、卫生保健、供应服务、道路、围墙、餐厅、变电所、加压站等。在当时岛外无参照样板的条件下，建立起较为完备的软、硬环境。

八、空间约束

（一）土地资源有限

根据调研，所有企业和部门都反映，土地将是制约未来发展的关键因素。同时，土地开发效率有待提高。

（二）区域整合

广州开发区内存在不平衡与分割问题。西区贡献了广州开发区税收收入的一半。外资集中在西区、东区、永和。科学城内资比例较东区、西区高。

广州开发区依托母城，服务母城，但目前区外联系有待深化。比如产业关联南拓不足，如何与南沙、番禺形成良性竞合关系有待研究。

（三）产城融合

由于特定历史原因，广州开发区对产业空间的关注高于对人居空间的关注。广州开发区整体居住用地比例过低，居住用地和工业用地比例关系严重失衡，住宅建设长期滞后于厂房建设。这会影响社会消费能力档次的提升和城市商业服务业、房地产业的发展，导致巨大的“钟摆式”交通。

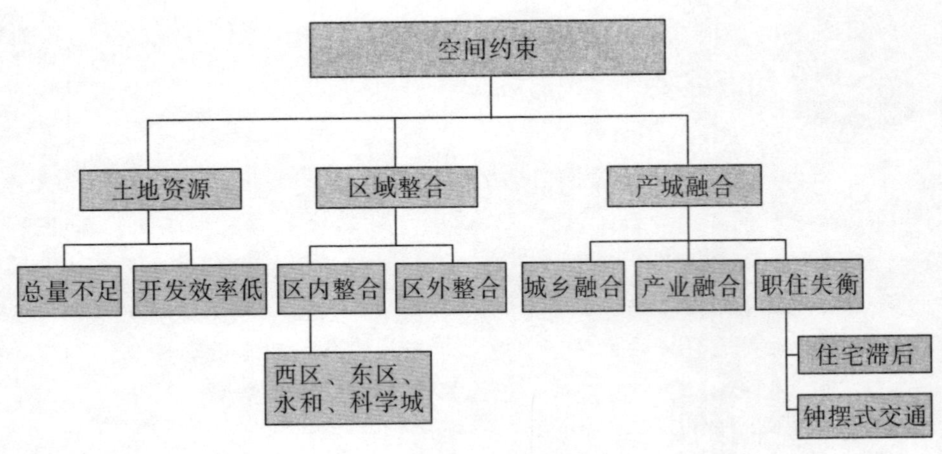

图 4－6　空间约束

九、技术约束

(一) 产业技术自主创新少，机械化程度低

根据调研，外资企业生产的机械化程度较低。加特可公司反映，中国大陆的机械化程度较日本低，主要是比较机械设备和人工的成本，中国大陆人力技术水平跟不上设备技术；由于人工成本的上升，生产线的改良以及下游客户年产 100 万台的要求，未来机械化程度会提高。本田（中国）汽车公司反映，技术上机械化没问题，多用产业工人主要是考虑成本因素。部分企业配置了机器人，比如振兴塑料模具公司为提高机械化水平，安装了机械手，但开工率较低。

(二) 技术创新平台有待提升

广州开发区技术创新平台建设工作已具备了较好的基础，拥有了一批科技含量较高的创新平台，但远远不能满足未来经济发展的需要，存在一些问题：缺乏顶层设计与整体规划，创新资源分散，布局有待完善；财政投入总量不够，配置有待完善；管理体制与方式有待进一步适应科技创新的要求，共享机制缺乏，相应政策法规有待完善；评价和激励机制有待改进，人才队伍不稳等。

（三）科技服务有待完善

科技中介服务体系建设滞后与广州开发区高速发展之间的矛盾亟待解决。科技金融发展滞后，尤其在信贷市场、资本市场、融资担保、信用服务体系等方面的问题仍然比较突出。广州开发区经济的建设是一个逐步发展和完善的过程，需要大量的信息支持，需要建立完善的信息交换系统，构建高技术的信息平台。

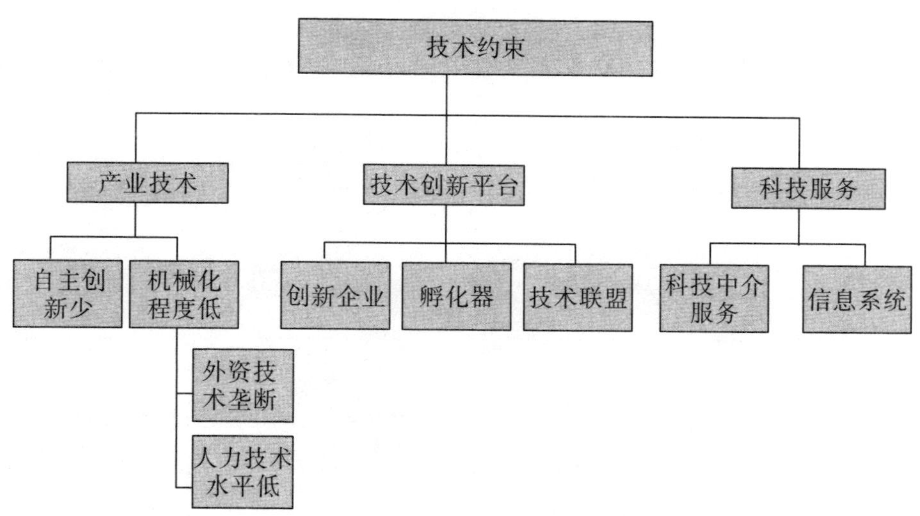

图 4－7　技术约束

十、竞争约束

目前广州开发区面临全方位、多层次的竞争，这是前所未有的。

（1）国际竞争。发达国家金融控制力强，制造业出现回流现象。发展中国家生产能力日益增强，发展中国家的生产竞争将是重点。

（2）国内竞争。中西部地区优势逐渐凸显，华东、华北地区扶持政策吸引力超过广州。天津倾尽全市之力建设开发区，而广州的热点相对较多，例如南沙、番禺等地区建设；近年其他开发区发展势头大，不顾成本地投入，与广州的风格、理念不同；华东地区（上海为主）以及天津具有政治环境优势；上海国际化的氛围有利于吸引外资；上海、北京、天津制定产业扶持政策，配套政策具有带动性。

（3）省内竞争加剧。广州开发区 GDP、税收、财政收入较高，但进出口、外商投资额较低。原因是：进出口企业不一定要选择广州开发区，可以选择广东省内出口加工型企业较多的东莞、深圳、佛山、中山等地。而其他开发区（如天津），进出口企业可选择的区位局限于开发区。

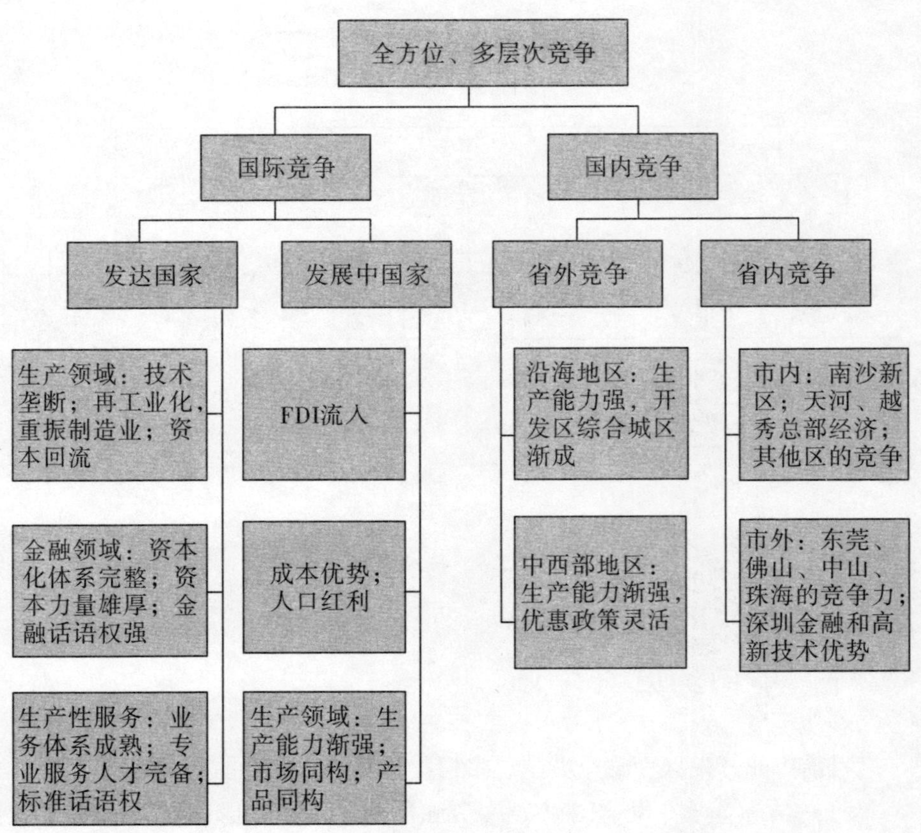

图4-8 竞争约束

第五章　广州开发区“金融+制造”产业模式转型

变，是永恒的真理。回望历史，开发区作为全球化与国家战略互动的实践者与引领者，以全球化带动工业化，成为制造业中心；正视现实，开发区正处于转型的关键时刻。开发区向何处去，如何寻求经济增长新动力，这些都是世人瞩目的问题。回答这些问题，需要在发展趋势与发展规律中探寻。制造业由大到强的过程，是制造业服务化的过程。金融是制造业服务化的核心。金融的实质是跨越时空的价值交换。运用有效的金融工具，可以把一切资源资本化，可以盘活一切资源。金融的放大效应，是制造业由大到强的必由之路。

开发区是制造业集聚之地，亦是企业家集聚之地。企业家面临三大问题：一是企业如何做大做强，二是如何进行财富增值，三是如何进行风险管理。企业做强，需要突破资金约束，需要金融的放大效应；财富增值，需要资源资本化，通过金融工具盘活资源；风险管理，需要金融手段跨越时空，把风险配置到愿意并且能够承担的行为主体上；企业家集聚，需要金融工具集聚，需要财富管理。同时，开发区需要新的经济增长点。产业结构演进的基本规律是，从农业到工业，从工业到服务业。服务业演进的规律是从传统服务业到高端服务业。金融服务业是高端服务业的顶端之一，金融服务业应该成为开发区新的经济增长点，成为开发区经济发展的新动力。环视全球，转型刻不容缓。美国的底特律，成也汽车，败也汽车，不转型，则破产；美国的芝加哥，从农产品交易中心，转变成全球衍生品交易中心，正是顺应了产业发展的内生型需求；英国的伦敦金融城，正是在本国制造业基础上，发展出全球金属交易与定价中心。

转型须行，方向既定，关键的问题是如何转型。为此，我们需要厘清开发区金融服务业发展的脉络，考察金融服务业创新发展模式，洞察金融服务业的发展趋势，在此基础上确定开发区金融服务业发展的思路、定位与路径，提出相关意见与建议。

一、广州开发区金融服务业的发展现状

1984年以来，广州开发区金融服务业经历了一个逐步发展的过程。目前形成了以银行体系为主导、新兴金融业态起步的格局，总体而言，金融生态环境比较脆弱。

（1）广州开发区金融服务业错失了一些关键发展机遇，尤其是广州金融创新服务区发展初期，没有进行物理空间建设，没有形成区域金融品牌效应，而后起之秀——位于南海的广东金融高新技术服务区却发展得风生水起。其背后的实质是，广州开发区对金融服务业的认知与重视程度出现偏差，导致金融服务业发展滞后于实体经济发展，产业与资本没有得到有效融合，无法进一步发挥广州开发区的制造业集聚优势。

（2）“银行相对较多，证券公司太少”的格局，不利于金融生态系统的完善。广州开发区金融生态系统有待进一步丰富，证券、保险、期货需要进一步发展。新兴业态相对齐全，但数量少。广州开发区经济总量大，但产业和资本融合水平不够高，需要吸引设立更多的法人金融机构，借助多样化金融工具促进产业转型升级。

（3）广州开发区金融机构规模相对较小，新兴金融业态以区域内生为主，缺少具有影响力的大型金融公司，缺少跨区域的金融公司，缺少外资金融公司。

（4）金融机构在开发区内分布不均衡，在科学城具有一定的集聚特征，但需要金融集聚的物理空间规划。

（5）广州开发区实体企业需要金融机构的有效对接，但新型金融工具的对接效应有待进一步提升。银企之间需要政府构建产融结合的中介平台，尤其需要创新质押方式和评估服务。

（6）广州开发区实体企业利用区外资本市场的能力有待进一步提升。上市将是未来的一个发展重点方向。从产业招商转变为金融招商，引进境外大型金融机构是一个选择方向。

（7）广州开发区金融如何与国际金融城、民间金融街、南沙新区错位

发展，有待进一步规划；如何依托广州开发区现有优势与未来发展方向，明确区域金融的定位与功能至关重要。

二、金融服务业创新发展模式与发展趋势

从省内与国内区域金融服务业创新发展模式看：

（1）金融服务业集聚，需要特定的物理空间。

（2）政府定位于市场增进：金融机构与企业的中介。

（3）金融服务业发展，要有明晰的规划，要吸引金融机构（尤其是证券公司）进驻，要引导产业资本对接或转变为金融资本。金融新兴业态发展要快，不能滞后。

（4）金融服务业发展，要定位清晰，要发展特色金融，要重视区域之间的错位发展。

（5）金融服务业发展，在强调特色的同时，要着眼于金融全产业链，可以成立金融产业战略联盟。

（6）要重视借助券商的力量。无论民间金融街，还是股权交易中心，券商都发挥着关键作用。

（7）通过金融服务，扶持高端产业人才，尤其是具有企业家潜质的年轻产业人才。

（8）要树立金融品牌效应，要定期举办系列活动。

从金融服务业发展趋势看：

（1）科技活动及其成果的资本化形式可以多样化创新。成立科技金融企业，可引入汇金公司、财政部或地方财政局、外资或国内大企业。

（2）消费金融是未来金融服务业发展的重要方向。

（3）互联网金融具有巨大的规模效应，把消费、投资等行为融为一体，是一个创新无限领域。

（4）企业并购与PE二级市场在未来将成为重要的股权交易方式。引入具有外资背景的PE，是一个重要选择。新三板将是PE退出的一个重要渠道。

（5）担保公司发展需要大型化、跨区域，需要专业化与市场细分，才能有更大影响力。引入大型担保公司是选择方向之一。担保公司与创投公

司具有混业经营的态势。

（6）小贷公司因其区域特色，需要集聚化与阳光化；解决小贷公司的融资问题，将是新的金融创新点。

（7）金融租赁公司是与实体经济联系最紧密的金融组织；金融租赁公司多有政府背景，多有银行、大企业作为股东；引进大型金融租赁公司是可选择的路径之一。

（8）供应链金融与供应链服务是融为一体的。引入或者成立第三方贸易金融公司，是制造业服务化的重要路径。

三、广州开发区发展金融服务业的环境分析

未来时期，广州开发区的产业转型升级与创新发展，尤其是“两城一岛”的建设，需要多样化、高层次、大规模的金融服务，实体经济的进一步发展需要金融服务的支撑与放大作用。

中国的金融政策取向是，从金融抑制走向金融自由化。从国务院办公厅发布的《关于金融支持经济结构调整和转型升级的指导意见》可见，场外股权交易市场和规模将逐步扩大，新三板加速扩容，这为广州开发区中小企业场外股权交易及其融资提供了新的途径；民营资本大规模进入金融业的时代即将来临，广州开发区民间资本成立金融机构具备了政策条件；中小企业的债务融资形式与规模将逐步拓展，广州开发区可进一步探索并扩大公司（企业）债券、中期票据和中小企业私募债发行。广州开发区可以引进或成立多样化金融机构。

从《广东省建设珠三角金融改革创新综合实验区总体方案》可见，金融改革创新的实质是全面资本化，形成一套成熟的资本化体系。广州开发区应理解其实质，抓住机遇，促进金融服务业创新。《广州市金融业发展第十二个五年规划》提出，重点建设广州金融创新服务区，推动广州股权交易中心加快发展，争取广州高新区列入全国中小企业股份转让系统扩大试点园区。《广州市金融业发展第十三个五年规划（2016—2020 年）》提出，做大做强广州股权产易中心；依托中新知识城开展知识产权金融先行先试，依托广州开发区加快建设广州科技金融创新服务区。

四、广州开发区发展金融服务业的基本思路

（1）总体思路。广州开发区应以广州股权交易中心为联结点，以产业金融与科技金融为重点，权益融资与债务融资相结合，把制造业集聚优势转化为金融业集聚优势，积极抢抓全国中小企业股份转让系统全国扩容机遇，推进广州金融创新服务区的空间实体化，大力发展新兴金融业态，构建金融生态系统，打造企业家财富管理中心，建设与其他地区错位发展、功能互补的智慧金融港。

（2）广州开发区金融定位为智慧金融港。与国际金融城、民间金融街错位发展，形成广州市金融业的“一城一街一港”品牌，形成广州区域金融中心的金三角。成立智慧金融港发展服务办公室，承担广州金融创新服务区和广州股权投资基地的秘书处功能，形成统一的区域金融品牌。

（3）发展目标与主要任务。未来，金融服务业成为广州开发区经济的关键增长极，智慧金融港的区域品牌在国内外具有一定影响力。到 2020 年，金融服务业增加值占开发区生产总值的 10% 以上。根据建设任务，实施五大工程：股权市场工程、债券市场工程、科技金融工程、金融招商工程、金融人才工程。

五、广州开发区发展金融服务业的政策建议

打造广州开发区新的经济增长极，建设智慧金融港，需要充分认识金融服务业发展的重大意义，增强紧迫感，形成金融服务业发展的共识，多管齐下，采取综合措施。

（1）大力开展金融招商工作，树立金融招商的理念，推进国企金融招商竞争；准确定位靶向目标，认真策划，有针对性地开展金融招商工作，做好靶向金融招商服务工作；重视金融流量在开发区，不必囿于投资在开发区。

（2）大力发展股权交易市场，着力建设广州股权交易中心，着力培育上市公司；积极抢抓全国中小企业股份转让系统全国扩容机遇，实现区内企业与新三板的有效对接；着力扶持创投融资。

（3）大力发展债权市场，着力拓展债券发行渠道和规模，着力发展新兴债权市场。

（4）推进基础设施建设的多元化融资，树立公共财政要理财的理念，逐步改变财政资金主导的投资体制，积极争取国际组织资金支持，推进闲置资产资本化。

（5）扩大支持金融服务业发展的资金规模和支持范围，大力引进高端金融人才，奖励金融服务业企业高级管理人员；扩大广州开发区金融发展专项基金规模。财政补贴到人，财政补贴鼓励金融流量。

（6）成立专门领导机构，实行管办分离；成立广州开发区金融服务业发展决策咨询委员会，加强金融服务业统计工作。

第六章 广州开发区建设产业公地研究

“产业公地”（Industrial Commons）亦称“产业共享”，这一概念在2009年《哈佛商业评论》的《恢复美国竞争力》一文中首次出现。此后在国内被大量引用和研究，成为产业经济理论的前沿领域，并不断被应用于经济建设实践中。产业公地是能够对多个产业的创新提供支持的技术能力和制造能力的集合，类似于公共物品。其构成类型繁多，既有产业共性技术、标准与行业知识，又有实体基础设施、供应链、配套体系与产业生态系统，还有专业员工与行业诀窍，以及行业自律规则与行业区域品牌等；表现形式多样，既可有形，也可无形；不受产权限制，既可体现为公有产权，也可置身于私有产权中。其核心内容是产业和企业之间的互换性和相互依存性。可以说，产业公地是产业建设与发展的重要软实力之一，具有强劲的溢出效应、网络效应和孵化加速效应，能够引发产业内和产业间合作，可以成为塑造产业集群竞争优势的新利器。

近年来，产业公地的理论与实践在全球特别是在发达国家中骤然兴起。美国已经将其作为振兴产业发展和提升产业竞争力的战略举措，大力倡导基于PPP模式的产业公地重建。美国国家科技委员会在2012年公布的《先进制造业国家战略计划》中，将产业公地建设作为其三大战略任务之一。美国竞争力委员会2013年发布的《重建产业公地》报告认为，丰富的产业公地或创新基础设施是关键。德国将工程学和工艺流程的精密性组织作为其产业公地的核心来建设，形成大中小制造业企业共生的组织形态，成就了德国制造业的领先地位。日本制造业产业公地的核心是元器件和工匠精神，大财团组成的产业经济联合会，致力于通用元器件的研发和升级，形成了日本各产业发展的基干。

产业公地理论同样有助于我国产业集群的建设与发展。经过30多年的开发建设，广州开发区大力推动具有自身特色的产业集群结构建设与发展，已基本形成了高端化工、新一代信息技术、汽车及零部件三大“千亿级”产业集群，以及新材料、食品饮料、金属制造、生物健康四大“五百亿级”产业集群，同时也在逐步打造智能制造装备、新能源与节能环保、电子商务三大具有发展潜力、重点培育的特色产业集群。从广州开发区目前的产业结构来看，不管是已经发展到较大规模的传统产业，还是初具规模的新兴产业，产业之间和企业之间都存在着很强的互换性和相互依存性，对产业公地建设的依赖度都很高，初步建立了一定的产业公地系统，这是广州开发区产业发展的重要基础。

本章从产业公地在理论和实践中的共识入手，系统地梳理广州开发区产业公地建设发展的情况，力求诊断全区产业发展需求与产业公地供给之间存在的矛盾和问题，并借鉴兄弟园区产业公地建设的先进经验，提出全区未来产业公地建设发展的主要思路、发展措施和保障机制。

一、广州开发区产业公地现状

（一）产业公地发展现状

产业公地主要是产业发展与技术创新所必备的一系列支撑体系，即由研发、产业经济运行所需要的各类发展平台构成，包括各类基础设施、公共配套设施、公共服务平台、各类人才和知识要素等发展载体。在此主要考察广州开发区、黄埔区六大公共平台的建设发展现状。

1. 公共设施平台

（1）园区设施。近年来，广州开发区、黄埔区着力打造知识城、科学城、生物岛和临港经济区四大战略性发展平台，坚持高起点规划、高标准建设产业园区，加大基础设施投入力度，完善交通、居住、教育、文化、医疗等各项公共配套设施的建设，形成居住、产业、公共服务均衡布局的城市发展格局，有效推动由科技工业园区向宜业宜居新城区的转变，为产业创新发展创造了良好条件。尤其是广州科学城已建成多功能现代新型城区，宜居宜业环境不断完善，为区域科技创新、经济增长、城市发展和产城融合注入强大动力。全区范围内基本实现各功能组团有效衔接，基本形成各区域通往广州中心城区、区内各公共服务办公点及区内各社区之间的公共交通服务网络，区内基本形成了八纵八横的骨干路网，对外交通形成了“珠三角一小时交通圈”，区位优势明显。

（2）配套设施。全区共有各级、各类学校近200所，其中公办义务教育阶段学校63所，高水平建设了各类国际学校及广州市二中、广州开发区外国语学校等重点教育设施。辖区内共有各类医疗卫生机构277间，其中医院13间，公共卫生服务机构3间，基层医疗卫生机构77间，高起点建设了中山大学附属第三医院岭南医院等重点医疗卫生设施，构建了城区15分钟、农村（村改居）地区30分钟的医疗服务圈。拥有广州国际体育演艺中心、国际羽毛球中心、国际网球中心和黄埔体育中心等大型体育场馆，高标准建设了图书档案馆、文化馆等重点公共文化设施，城市配套功能加快提升。万达广场商业综合体已经正式开业。

（3）宜居设施。广州开发区依托广州科学城及周边功能园区，以普通商品房和研发兼容型社区为主，配套建设了万科城、林语山庄、保利香雪山、新福港、岭南林语、雅居乐富春山居等19个中高档居住小区，总建筑面积1 243万平方米，预计吸纳人口36万，城市配套功能不断完善。同时，打造了万达广场、敏捷广场、绿地中央广场、奥园广场等多个城市商业综合体，一大批购物、餐饮、娱乐、金融服务等商业配套项目陆续进驻，进一步带动区域人气、商气聚集。昔日的郊区乡镇正逐步转变为广州市东部山水新城的重要组团，引领广州城市“东进”，宜居宜业环境已形成。

2. 公共技术平台与公共实验（设备）平台

（1）建设了技术平台及研发设施。广州开发区建设了电子信息、生物和新材料三大新兴产业领域的公共技术平台，同时建立了中科院生命与健康研究院、华南新药创制中心等12家开放实验室。全区集聚了研发机构502家，其中国家级研发机构10家、省级研发机构18家、市级研发机构41家，IBM、三星等80多家世界500强企业设立了研发中心。新一代信息技术产业就有124家科技研发机构，生物医药产业创新载体和平台共73个，高端化工领域工程技术研究开发中心6家，新材料科技研发机构33家。

（2）建立了多个创新型产业基地。广州开发区已建成10个国家级产业基地、8个国家级园区、4个省级战略性新兴产业基地、6个市级战略性新兴产业基地。整合各方科技研发资源，建设“仪器设备资源库”“科技资源共享服务站”和“创新驿站”等平台，实现创新资源的共享。“仪器设备资源库”入库仪器已达 4 400 余项，区内企业可进行 10 000 多项检测和实验，大大降低企业创新创业成本。

（3）建立了密集的科技孵化加速集群。广州开发区已建成 42 家各类科技型企业孵化器，总孵化面积达 340 万平方米，其中广州火炬中心、广州国际企业孵化器等 5 家是国家级的孵化器，打造了华南地区面积最大的孵化器集群。面向科技型企业孵化器毕业企业和高成长性的中小科技企业，建设了 75 万平方米科技型企业加速器。科技型企业孵化器（加速器）已成为孕育科技创新型企业的重要载体，全区孵化器累计引进企业 2 568 家，累计引进注册资本 287 亿元，在园企业总数 1 731 家，在园企业注册资本总额 215 亿元。

3. 公共知识平台

（1）广州开发区依托产业集群和产业平台强化产业共享，围绕电子信息、生物和新材料等新兴产业领域，建设了广东华南新药创制中心、国家知识产权局专利审查协作广东中心等 8 个创新公共平台。目前全区拥有国家级创新平台 20 个，省级创新平台 70 个，博士后工作站 24 个。与德国慕尼黑工业大学、新加坡南洋理工大学、我国华南理工大学共建“联合研究院”，设立了“中国—乌克兰巴顿焊接研究院”，英国天祥、瑞士通标等 20 多家国际检测认证机构入驻发展。同时，强化知识产权创造和运用，设立知识产权资助专项资金，资助、奖励专利申请，对知识产权保护过程中产生的调查和诉讼费用给予补贴。2014 年专利申请 5 586 件，同比增长 12%，专利授权 3 780 件，同比增长 20%。出台专利权质押贷款专项政策，为企业知识产权质押贷款提供担保和贴息。

（2）广州开发区与国内高校共建了北京大学华南产业创新研究院、广州北航新兴产业技术研究院、浙江大学华南工业技术研究院等 8 个校地协同创新项目。先后与国内 75 所高校和研究院/所建立了科技项目合作双向互动机制，与 32 家国家级、省级重点实验室建立研发资源共享机制，推动企业、高校、研究机构之间的创新资源共享。依靠已有的产业基础，引进筹建了清华大学粤港澳研究院、光启研究院公众信息总部、飞利浦照明研发中心等一批新型研究院。建立了瞪羚咖啡等一批众创空间，组建了平板显示产业及技术、基因检测等 9 个创新联盟，推动大规模、广领域的协同创新。

4. 公共人才平台

（1）集聚创新人才。广州开发区制订了人才特区建设规划和中长期人才发展规划，实施一揽子人才政策和“百千万人才金字塔”计划，形成从领军人才到骨干人才和技能人才相配套的人才队伍。目前，培育引进中央“千人计划”人才50名，聚集市区领军人才119名，两院院士32名，其中在区内创办企业的有10名，聚集享受国务院特殊津贴专家20名，培育了12个广东省创新科研团队。大力引进海外高层次人才，吸引了3 000多名海外留学人员在区内创办了700多家企业，获批成为中组部海外高层次人才创新创业基地。目前，全区41.07万从业人员中，具有大专或本科以上学历的占45.4%，取得中高级职称的占10.9%。全区科技活动人员达到3.91万人，其中R&D人员达到3.73万人，占科技活动人员总量的95%。

（2）创新型人才服务方式。广州开发区在为高层次人才创业提供办理医疗证、居留证以及科研仪器免税通关等个性化服务的同时，不断完善高层次人才“捷通卡服务联盟”制度，开辟绿色通道，提供集中服务、专属服务。建设国际人才城，打造集人才成果展示、人才服务、创业支持和活动交流于一体的综合体，构建全方位的人才服务体系。在海外设立人才工作站，构建开放灵活的引才运行机制。建立信息化招才引智平台——“汇智”海外人才库，实现全网范围自动搜索海外高层次人才信息。引入高层次人才协会，发挥社会组织的作用，开展“创业沙龙”“人才讲坛”等活动，为创新创业者提供交流平台。与广州各高校、人才市场合作，建立适应企业发展人才需求的多层次人才服务网络，通过大型招聘会和日常个性化人才跟踪服务等方式为企业寻找并推荐合适人才。

5. 公共服务平台

（1）积极探索管理服务创新。广州开发区始终坚持精简高效的管理架构，率先实行“大部制”，开展“无费区”试点。从2002年起，就建立起“一站式”服务中心，实现“一个窗口受理，一站式审批，一条龙服务”。2013年，以“打造全省审批项目最少、行政效率最高的先行区”为目标，以“大胆探索、循序渐进、简政放权、强化监管”为原则，创新思路、扎实推进行政审批流程再造，行政审批备案事项100%入驻网上办事大厅，平均办理时间由13天缩短为7天，政务服务和审批效率得到了广大投资者的认可。

（2）大力推动科技服务创新。广州开发区积极打造特色孵化服务，即科技研发服务、人才引进与培育服务、创业辅导服务。针对大众创业者急需的创业经验、人才团队、科研软硬件等要素，构建了公共技术、人才、创业导师、国内外对接、投融资等综合孵化服务体系，提供“一站式”“链条式”服务。整合各方科技研发资源，通过“仪器设备资源库”“科技资源共享服务站”和“创新驿站”等平台的建设，实现创新资源的共享。积极开展知识产权运用和服务综合改革，引进国家知识产权局专利审查协作广东中心、广东中策知识产权研究院、广州知识产权交易中心等一批服务平台；设立知识产权法院、广州知识产权仲裁院等一批知识产权保护机构；创建我国和新加坡知识产权领域合作示范区，引进新加坡知识产权学院等国际培训机构。

（3）探索推动科技金融创新。广州开发区积极推动金融与科技、产业的对接和互动。设立了10亿元的引导基金、3亿元的担保基金和5 000万元的种子基金，聚集风险资本100亿元。聚集20多家商业银行分支机构，引进4家融资担保公司，注册资本9.42亿元。依托广州科学城打造华南区域性OTC市场，相继建成广州金融创新服务区、广州股权投资基地和广州股权交易中心等一批科技金融平台，目前已有33家备案股权投资机构入驻金融创新服务区，落实资金83亿元，缴纳税收超过2亿元，广州股权交易中心挂牌企业达到1 062家，融资交易额累计超过15亿元，成为全国创业投资的重要集聚地。积极推动科技型企业上市，成立了“上市办”对企业上市开通“绿色通道”服务，目前全区上市企业已达到31家，挂牌“新三板”的企业达到32家。积极探索“孵化＋天使投资”新模式，成立了“广州高新区天使投资联盟”，建立天使投资、产业基金与科技型初创企业对接机制。

6. 公共政策平台

近年来，广州开发区、黄埔区坚持实施创新驱动发展战略，着力推动产业、科技、人才、开放等政策创新，不断扩大政策覆盖面，使新老企业都能享受到阳光政策。不断提高政策含金量，每年投入到创新发展的财政资金超过10亿元，公共政策平台发展取得良好成绩。

（1）构建了产业创新政策体系。主要包括鼓励现有企业转型升级、培育和发展战略性新兴产业、鼓励发展现代服务业三大产业创新政策。鼓励现有企业转型升级，包括鼓励现有企业设立研发机构、节能减排、增资扩产和集约发展。战略性新兴产业政策涵盖智能装备、电子商务、生物医药三大产业。鼓励发展现代服务业政策，包含设立专项服务业发展引导资金、设立区服务外包企业扶持金、鼓励重点服务业企业发展、支持现代港航服务业发展等内容。

（2）构建了科技创新政策体系。从科技型企业的成长规律出发，根据创新型企业每一成长阶段不同的政策需求，按创新链的承接关系致力于构建一个结构完整的创新政策体系，为创新型企业提供从种子期到成熟期的全过程、多样化、持续性解决方案。制定了“1+10”科技创新体系，内容包括研发、孵化、公共技术平台、产学研合作、知识产权保护、科技金融、产业化、上市发展等。2014年，全区设立了4.4亿元科技发展资金，通过直接资助、间接资助、需求激励、促进创新合作、创新服务体系等方式，带动了全社会96亿元的科技创新投入，合计超过100亿元，R&D占GDP的3.9%。

（3）构建了人才发展政策体系。出台了“2+7”的人才政策体系，主要内容包括创业启动经费支持、研发补贴、安居补贴等，涵盖院士专家、高层次人才、科技领军人才、骨干紧缺人才。针对不同层次的人才，提供不同的扶持与服务，从而在最大程度上吸引人才、激发人才的创新活力。

（二）产业公地存在的差距与问题

根据产业公地及创新型产业集群理论，技术创新及产业发展需要动态化的公共支持系统，以不断激发产业技术创新及产业集群发展的动力。考察调研发现，广州开发区、黄埔区在产业支持系统建设中，其产业公地建设仍然存在一些不容忽视的重要问题，集中体现在以下几个方面：

1. 产业布局与空间规划问题

表现为产业导向和布局欠合理，导致各个产业园区之间、各个工业片区之间、各个产业集群之间以及产业集群内部之间的关联度不高，园区产学研结合不紧密，处于分散发展的状况，自主创新能力欠缺、产业集群效应不明显、本土化企业发展进程慢。产城融合发展仍然欠缺，表现为统筹规划不周全、重产轻城、产城分割的城乡二元结构明显、“职住失衡”，对园区软环境建设不够重视。公共服务配套设施不够完善、对人才欠缺吸引力、环境污染形势严峻、缺乏现代城市文化特色等。产业发展中的信息技术、云网络等基础配套支撑仍然存在缺陷，难以发挥推动“互联网+”的技术及产业发展作用。

2. 技术平台统筹利用问题

表现为平台数量少、规模小、效率低，缺乏有效的统筹及战略协同，呈行政条块分割式布局，导致产业技术资源分散、低效。市场化、工程化平台少，难以满足企业在研究开发、技术转移、成果转化等各个环节的需求，科技成果的转化率较低。平台运营管理不够专业，现有平台效益不高。企业实验室与行业通用设备开放不足。调研显示，目前部分企业设备的生产能力、实验室的检测能力仅仅能够满足本企业的需要，尚不具备充足的对外承担部分公共服务平台功能的能力。企业如何进行市场化开放，如何进行有偿服务，如何定价，都需要探索。

3. 科技资源配置及科技投入问题

科技产业与资本的融合水平不够高，科技投入不够灵活，风险投资、融资担保、小额贷款等金融机构数量较少，规模较小。科技保险、科技投入有偿资助机制缺失，科技投入体制改革有待深化。从科技与金融的融合能力上看，市场机制发挥还不够充分，中小科技型企业的融资需求与风险投资、小额贷款、银行资金供给之间缺乏有效的衔接，风险投资网络还不健全。同时，作为围绕产业链解决产业共性技术难题、实现重大技术创新的有效途径，没有建立具体、有效的沟通协调、统筹安排机制，支持资源分散、力度不足，没有发挥对产业的促进作用。此外，在产业及技术创新过程中，区财政资源倾向于扶持大企业，而许多小微科技型企业缺乏科技资金支持，使得科技型企业难以快速成长。

4. 人才资源利用及支持错位问题

供应链服务管理类人才为复合型人才，目前园区以制造业为主，服务业高端人才稀缺，人才的缺少导致部分企业无法在短时间内取得跨越性发展。企业普遍呼吁，将政府的人才引进政策指标交给真正需要业内人才的企业，而不是以职称、荣誉名号判断人才水平。与其他高新区相比，人才资源方面出现的明显问题是：人才特别是高端人才不足，科技型人才不够，各种人才资源配置错位，人才政策偏重吸收引进而缺乏跟踪评价，人才政策效果并不明显。

5. 产业链综合服务平台建设问题

如何充分利用“互联网+”建设产业链综合服务平台，是产业转型升级的关键环节之一；否则，有可能沦为生产加工地。需要探索产业链综合服务电商平台建设，实现产业的网上集聚，从而打造广东生产制造大省的产业集群“生产智造”形象。目前，园区配套政策并不适用于互联网企业的发展特点，需要引进更多的具备创业特质和发展价值的创业型小企业，而不是过度引入大公司的生产制造车间。园区的配套设施仅停留在工业化、规模化生产阶段，基础配套设施不够贴近基层创业者的创业需求，缺乏简单廉价的公寓住宿，以及基本的起居饮食配套设施等。

6. 全区产业公地的整体效能问题

表现为管理机制不够专业、投资服务功能欠缺，没有退出约束机制造成低效企业挤占大量公共资源。虽然有行政改革试点，但行政审批效率仍然不高，企业服务的针对性不强，研发支持、专业培训薄弱。此外，产业政策效果不足，表现为产业政策体系不配套，缺乏系统性和针对性，缺乏政策落实及动态管理，过于注重生产环节而忽略对消费领域的关注，执行机制缺乏必要的组织保障，导致政策知晓率、参与率和满意率低，政策红利没有达到提振产业发展的预期效果。由于产业公地整体效能不高，产业公地缺乏优势与效率，使得广州开发区的产业经济增长缓慢、招商效果较差、科技创新能力不足、科技型企业比重小，从而造成广州开发区整体产业竞争力下降。如果不高度重视开发区的产业公地整体效能提升，产业及创新环境将有可能进一步恶化，因此必须加快产业公地及创新公地建设。

二、产业公地的国内比较

（一）国内先进地区主要做法

1. 北京中关村：创新策源地

北京市提出了打造全球科技创新中心的口号，主要是以中关村为核心，连同北京各个产业功能区，建立强大技术创新发展中心，本质上就是产业技术创新公地。中关村与广州开发区的最大不同是其不是制造业集聚地，但其具有创业文化、孵化器功能和技术创新公地，对广州开发区的中新知识城、科学城、生物岛等具有借鉴意义。

（1）建立了完整的创新公地链条。中关村创业大街不仅定位于建设创业服务集聚区、科技型企业发源地、创业者文化圣地，还要打造具有极强科技感、展示度、时尚感的创新创业特色景观大道，吸引培养一批具有国际影响力的世界一流创业孵化服务机构，致力于缔造全球知名的“Inno Way”（创业大街）。街区致力于构建服务功能完善的创业生态，以创业企业的需求为导向，以全球范围内的服务资源整合为基础，提供专业的创业平台，有效配置资源。街区积极引进各类创业服务机构，重点打造“创业投融资+创业展示”两大核心功能，以及“创业交流+创业会客厅+创业媒体+专业孵化+创业培训”五大重点功能，建立了完整的创新公地链条。

（2）打造了独特的创新创业载体。创业会客厅以企业创业共性需求为核心，构建“线上+线下”的服务模式，整合政务、科技金融和专业服务等资源，打造便利、高效的一站式创业服务集成平台。创业会客厅不追求经济回报，而是更加注重社会效益。创业会客厅的一楼是免费区域，二、三楼是盈利区域。一楼服务厅免费为创业者提供六类服务：海淀区多证联办业务、政策服务、知识产权服务、人才资源服务、法律服务和科技金融类服务。二、三楼盈利区域拥有4个集中办公区、8个孵化器，驻扎了各种类型的企业，主要为早期创业者提供临时办公空间和场地出租服务，为有需要的企业举行产品发布会、培训、路演等活动提供方便。创新体验中心是创业会客厅的重要品牌，是一个展示科技创新的平台和推动品牌成长的空间。其包含硬件产品展示、PC平台展示、移动平台展示、静态展示四个区域，分别用来展示创新科技硬件产品、Web产品、手机App、视频、海报等创业公司项目，可以借助创业街的集聚效应帮助创业公司获得大量媒体曝光、投资推广机会等。

（3）塑造了独具特色的创新“咖啡文化”。车库咖啡是一家以创业和投资为主题的咖啡厅。与孵化器不同，创业者不需要为使用的空间支付固定的租金，只需每人每天点一杯咖啡就可以在这里享用一天的免费开放式办公环境，还有机会获得天使投资的青睐。车库咖啡为初创企业降低了办公与社交成本，为创业者与投资人牵线搭桥，搭建了一个开放的办公环境、交流平台，其定期举办各类项目交流活动，使得创意能够更好地碰撞，创业变得更加容易。3W咖啡旗下的3W孵化器成立于2013年8月，为创业者提供办公空间、投融资服务、知识培训等全方位孵化服务。在3W孵化器申请孵化的创业团队，可得到非常专业的创业一站式服务，解决创业的第一个“半年事务”，如公司注册、办公场地、团队建设、产品验证、融资路演等。3W种子基金成立于2014年3月，为互联网初创团队提供定额50万元的种子投资，用于帮助初创团队实现从点子到产品原型并在小范围内进行测试。通过3W种子基金和3W孵化器的相互配合，3W孵化器为创业者提供的是更便利、更优质的服务。不同于其他投资孵化机构，3W集团致力于建设全面的创业服务生态圈，打造中国最大的创业服务平台，以互联网为核心，以创业为纲要，成为竭力服务“大众创业，万众创新”、最具“媒体属性”的孵化器。

2. 上海张江高新区：时间合伙人

张江高新区分为技术创新区、高科技产业区、科研教育区、生活区等功能小区，运营主体是张江高新科技集团（以下简称“张江集团”）。该园区开发至今，构筑了生物医药创新链和集成电路产业链，目前建有国家上海生物医药科技产业基地、国家信息产业基地、国家集成电路产业基地、国家半导体照明产业基地、国家863信息安全成果产业化（东部）基地、国家软件产业基地、国家软件出口基地、国家文化产业示范基地、国家网游动漫产业发展基地等多个国家级基地，拥有多模式、多类型的孵化器，建有国家火炬创业园、国家留学人员创业园。

张江高新区之所以取得如此成效，是因为张江集团确立了“时间合伙人”的服务理念，他们崇尚“时间就是金钱”“时间就是创新”的理念，用“时间合伙人”理念来谋求产业公地及技术公地的建设，致力于从推进产业发展、推动自主创新的角度出发，与产业客户构建荣辱相依、共同成长的合作伙伴关系。张江高新区作为产业运营服务商，最基本的任务是为产业客户提供基于产业的定制化空间产品和配套服务，更重要的是推出专业的产业集成服务，促成高科技企业之间的互联互通，实现产业升级，促进产业链的融合集聚，以产业空间、产业投资和产业集聚来实现与产业客户的共赢，以产业的繁荣来实现张江集团的持续获益并最终提升整体效益。

在“时间合伙人”理念指引下，张江高新区致力于构建良好的创新链条，有效地推动了“离岸创新、全球孵化、产业并购、张江整合”模式，这是张江集团融入上海科创中心建设的重要切入点。即整合硅谷当地资源，进行先期培育；再结合产业投资，设立海外并购或境外引导基金，联合对硅谷孵化项目进行投资；最终到一定阶段，以收购兼并的方式进行产业整合或退出。张江高新区正努力打造两大产业集群：一个是“医”产业群，在原来的生物、化学制药研发之外，还包括医疗器械，定制医疗服务、培训等；一个是“E”产业群，包括集成电路、信息技术、互联网技术、互联网金融等。张江集团的孵化器承担着为整个园区近800家中小企业提供公共孵化平台支持的责任，并与近300家中介服务机构建立“服务超市”，提供包括物业、公关、行政、会计、法律、投融资在内的“阶梯式”服务。

3. 苏州工业园：三螺旋典范

苏州工业园很好地运用了“三螺旋”（政府—大学—企业）创新理论，致力于推动该园区“三螺旋”创新实践。比如，苏州工业园独墅湖科教创新区在官产学研合作方面最具代表性。其基础设施共享，校区相互开放融合，通过招校引院、招生引师、招才引智，聚集了西交利物浦大学等28所高等院校和1所国家级研究所，另有各类培训机构46家，累计建成研发机构和平台191个（省部级35个），国家级和省级孵化器9个，统一规划建设了公共体育馆、图书馆、影剧院、商业街、师生公寓等各类生活服务设施，实现高校及研究机构资源共享，促使政府、大学与企业三赢。

在“三螺旋”创新实践活动中，该园区成立了国有独资的苏州工业园教育发展投资有限公司。作为科教创新区的开发建设主体，管委会对教投公司的考核不按盈利规模来衡量，而主要考核它建了多少载体、引进了多少高校。独墅湖科教创新区享受苏州工业园政策全覆盖，形成了人才服务、技术研发、产业促进、科技服务、知识产权五大政策扶持体系，并拥有特殊的审批权、外事管理权。苏州工业园大力支持协同创新，以政府补贴形式鼓励科技资源共享，促进大学、研究机构与产业发生化学反应，大学科技园内高校之间学分互认、教师互聘，校企合作氛围活跃，院校实验室与企业共享，企业老总经常去大学讲课。按照现代化、国际化高等教育办学标准，围绕“以研究生培养为主，以紧缺专业为主，以公办民助为主，以中外合作办学为主”的定位，重点引进优势学科和与园区产业相匹配的知名院校。由管委会统一规划建设公共的教室、实验室等载体，以优惠的租金吸引院校入驻。与此同时，该园区与国内知名大学合作，在独墅湖科教创新区设立研究院，以产业为先导，科技为动力，人才培养为支撑，主要开展产学研活动。

4. 武汉东湖高新区：光谷品牌效应

武汉东湖高新区是由关东光电子产业园、关南生物医药产业园、汤逊湖大学科技园、光谷软件园、武汉软件新城、佛祖岭产业园、机电产业园、光谷生物城等园区组成。东湖高新区成功的关键是充分运用了“光谷”品牌，即始终坚持用中国光谷的概念，整合各类创新资源、产业园区，将光谷系列产品推广、扩大，形成了该园区独特的“光谷”产业公地和技术创新公地文化。

该园区发挥“光谷”品牌的关键之举，是充分利用了中国最为密集的大学科研资源集聚地作用，充分推动武汉东湖地区的科研院所、大专院校科技成果与产业发展相结合，有效地实现了科技产业化发展。区内有中南财经政法大学、华中科技大学、武汉大学、中国地质大学（武汉）、华中师范大学、中南民族大学、武汉体育学院、武汉职业技术学院、武汉软件工程职业学院等58所高等院校，在校大学生达到100万人；科研机构众多，有中科院武汉分院、武汉邮电科学研究院等71个国家级科研院所。

5. 深圳南山区：嫁接型创新区

深圳没有大学科研机构的优势，然而该市善于嫁接国内乃至全球的大学研究机构，形成特有的虚拟大学园区，即嫁接型创新公地，其中最为突出的是南山区大学虚拟园区。目前，南山区组建官产学研合作的协同创新联盟36个。其中，10个为省部级联盟，包括产业技术创新联盟、知识产权联盟、标准联盟、质量联盟和投资联盟等。

在推动嫁接型创新公地建设的过程中，南山区打造了资源共享平台19个，专门提供四大服务：软件评测服务，即信息系统评测和软件产品评测；协同研发服务，即利用技术研发和实验协作平台支持企业进行技术创新服务；设备共享服务，即整合企业科研机构资源，通过网络平台实现供需对接，营造开放、共享的科研创新环境；公共检测服务，即由中兴通讯为中小科技型企业提供电子元器件质量检测、故障分析、技术培训等服务。同时，由过去政府直接建设孵化器，发展为政府鼓励、扶持企业建设孵化器。全区35个孵化器，其中政府主导的仅16个。鼓励风险投资机构介入科技孵化，促进金融与科技结合。支持设立专门的科技支行，建立风险代偿和风险补偿机制，推出孵化贷、研发贷、成长贷等创新型金融产品。由过去单纯地提供空间，转变为不仅提供空间，还提供创新创业服务。3W 深圳旗舰店是一家公司化运营的组织，其业务包含天使投资、俱乐部、企业公关、会议组织和咖啡厅，为互联网人士提供一个开放、创业、休闲的交流场所和沟通平台，以展现日新月异的创意产业。

嫁接型创新公地建设较为成功的是科技服务业。目前南山区集聚 56 家非营利性科技服务机构、科技事务所、高等院校、科研机构、行业协会等，整合科技服务资源，促进科技服务信息交流；集聚 480 家科技服务企业，市场化运作的科技服务企业直接提供各类科技服务。同时狠抓“创业之星”大赛，该项目已连续举办七届，累计有 122 家创新企业、96 支国内外初创团队获大赛奖励资助，并促成各类合作项目 2 500 多个，带动国内近百家投资机构投资项目 150 个，金额超过 15 亿元。大疆科技创始人汪滔正是通过参加“创业之星”大赛，展示出自己创新创业的才能而获奖，其创办的企业因得到投资，迅速发展为无人机领域的领军企业。

（二）发展经验与启示

从国内先进高新区的发展经验和做法看，要想获得产业园区或高新园区的发展，必须创造良好的产业公地环境、创新公地环境，尤其是创新公地建设成为这些园区成功的关键措施，其做法值得广州借鉴与深思。

1. 产业公地和创新公地建设极为重要

无论是国内先进高新区还是国外发达国家，基于产业链和企业生命周期提供网络化的产业公地和创新公地体系，都是产业及创新的关键，因为从点子到产品，从孵化到加速，从服务到人才，都需要产业公地的支持。

2. 产业公地和创新公地需要多样化

科技金融服务是产业公地体系的重要组成部分，更是创业氛围不可或缺的部分。孵化器和加速器背后必须有资本的支持。创业文化与孵化器是产业公地的重要组成部分。中关村的创业文化和孵化器功能，对广州开发区的知识城、科学城、生物岛等具有借鉴意义。

3. 产业公地和创新公地需要专业化

专业园区服务商和专业服务商是产业公地体系的重要微观载体。广州开发区可借鉴苏州模式，成立教育科技投资发展有限公司；借鉴上海张江集团和张江高科模式，各个园区成立专门的园区发展服务商。可引进国际高端知名教育机构，为区域职业培训配套体系树立标杆，通过开展高端培训，为广州开发区培养、输送更多具有丰富的专业知识、实用的多种能力和可预测的发展潜能的创造性高端人才。建设国际学术技术交流会议中心，提供国内与国际著名大学和研究机构学术与技术交流的平台，定期举办各专业方向的国际学术会议。

4. 产业公地和创新公地需要特色化

可建设开放化的科教园。打造没有围墙的大学科技园，先期以免租的形式提供给合作办学对象，继而有偿租用，最后大学回购，加快引进一批国内外知名大学及研究院入驻。可以探索引进工研院、MBA 等收益比较好的院校，吸引社会资本、风投公司参与开发建设，兴办股份制学校，建立完善的利润机制、退出机制，社会资本和风投公司按入股比例参与利润分红。可引进知名大学独立或联合创办研究生院。引进世界前 100 名、国内前 10 名大学，结合开发区产业发展定位，由其独立创办研究生院。参考清华大学深圳研究生院与香港中文大学联合办学模式，引进国际知名大学与国内前 10 名大学联合创办研究生院。调研区内企业培养人才意向，与拟引进的高校资源对接，由政、企、高校共同投资、联合办学。

5. 产业公地和创新公地体系供给需要多元化

公地首先需要政府搭台，特别是建设之初需要政府的强力支持。但随着公地发展成熟，市场化供给将逐步占主导，因此需要企业服务企业模式提升。总的来看，公地建设应由政府引导、市场主导，这是主要趋势，未来公私合作模式（PPP）将成为主流。

三、广州开发区产业公地发展思路

（一）发展目标

以党的十八大及十八届三中、四中、五中、六中全会精神为指导，按照广州开发区、黄埔区“十三五”规划要求，贯彻《中国制造 2025》、“互联网 +”发展思维，瞄准国家自主创新示范区建设目标，紧紧围绕产业转型升级各类支撑体系建设，以产业与技术生态系统建设为核心，形成全面丰富的产业公地和创新公地体系，将广州开发区、黄埔区打造成为创新型产业园区，成为特色鲜明、配套完善、环境优越的高级产业集聚区和创新引领区。

（二）基本内涵

营造引领高级产业发展的支撑环境，成为其他地方不可替代的产业公地；营造引领自主创新和产业创新的创新环境，成为其他区域不可模仿的创新公地；营造引领产业内部系统关联发展的共生环境，成为与传统产业发展模式相区别的协调发展公地；营造引领产业与城市同步发展的宜业宜居环境，成为其他地方不可复制的产城融合公地。基于以上内涵，总体要求是优化提升广州开发区创新发展环境，打造产业发展与技术创新的生态系统，最终形成由实验（设备）平台、技术平台、知识平台、人才平台、服务平台、基础设施平台等组成的全面丰富的产业公地体系、创新公地体系和产业生态系统。

（三）基本原则

1. 坚持统筹规划、科学布局原则

对全区产业发展与创新环境进行全面整合，从支撑性环境建设的物理空间到基础建设系统、技术系统、知识系统、信息系统、政策系统、服务系统、产业联盟系统等方面进行创新布局，按照产业公地、创新公地发展规律进行统筹规划与布局，使得全区真正脱胎于传统产业园区。集中对知识城园区、科学城园区、生物岛园区、临港区园区、长岭居园区、云埔园区（含东区园区）、西区园区七大产业园区进行全面整合。对七大园区进行规整提升，将它们建设成为特色鲜明的高级产业公地，使它们成长为创新型产业集群示范区。

2. 坚持效率为先、集约利用原则

目前广州开发区、黄埔区发展存在资源分散分割、资源碎片化状态，产业发展支撑性资源不够集约，各产业园区时间缺乏关联，新老园区仍然有很大提升空间。要通过产业公地的统筹规划布局，找出围绕产业发展与创新的各类支撑性资源，并对这些资源进行全面规整，以“三旧改造”等方式盘活土地存量，协同发挥各类资源的使用质量与效率，以全面提高产业发展的公共资源配置效率，集约利用好各类促进产业成长与创新的支撑性资源，努力实现增量创新和存量创新两个创新发展。

3. 坚持突出重点、特色发展原则

产业公地建设必须突出特定地域的鲜明特质，必须紧紧围绕区域主导产业、区域技术主攻方向。未来产业公地的建设应突出以6～9大支柱产业为核心的支撑环境营造，把广州开发区、黄埔区建设成为以新一代信息技术、汽车及零部件、高端化工、生物医药、高级装备、新型材料、节能环保、现代服务等为核心的创新型产业公地，努力实现这些行业领域中的技术领先战略目标。

4. 坚持政府引导、市场主导原则

产业公地兴衰直接影响国家或地区的产业发展，产业公地治理涉及国家或地区相关政府部门、企业与个人，通过关键利益相关者的集体行动来实现产业共享的可持续发展。产业公地和创新公地建设，不仅依靠政府主导及其策略行动、落实行动，而且要依赖于市场及社会力量参与。从长远看，市场机制更能够提高产业公地的供给效率。采用市场机制、企业服务企业模式更能够提高建设效率，比如可引入PPP。基于PPP的产业公地治理并不局限于基础设施，而是含义更广，要求公私关键利益相关者，根据产业共享可持续发展的需要，拟定切实可行的集体行动方案，构建信任合作关系，提供相应投入，明确产业共享边界，制定共同遵守的规则，有效执行与监督，强力制裁违规行为，持续优化产业共享体系，共治共用，多赢发展。

（四）产业公地发展的路径

广州开发区产业公地建设的主要任务是，紧紧围绕创新型产业园区建设，抓住制造业变革机遇，在珠三角“1+7”国家自主创新示范区发展中发挥主体作用，用好知识城国家战略层面及四大战略性平台，有效地推进广州开发区、黄埔区全面丰富并具有特色的产业公地和创新公地建设，通过提高生产率，形成以科技为基础的产业生态系统。

围绕产业公地发展的目标实现，根据实地调研与分析，应打造“688”产业公地及创新公地体系。“688”体系代表了广州开发区、黄埔区产业公地建设的发展体系。其中，“6”代表了产业建设发展的6大提升（特色园区、集群创新、公共平台、服务效率、标准化、便利化），前一个“8”代表了产业建设发展的 8 大系统（配套设施、政策体系、规范服务、科技孵化、科技加速、人才支撑、产业联盟、技术平台），后一个“8”代表了产业建设发展的 8 项措施（整合载体、科技金融、知识集聚、政策服务等）。通过“688”体系建设，实现产业公地和创新公地的建设目标任务，形成广州开发区、黄埔区富有生机和活力的产业生态系统。

四、发展重点和主要措施

（一）产业公地发展的六大提升

1. 围绕特色园区提升，打造有广州开发区特质的差异化产业园区，目标是建设成为有中国特色的示范园区

按照广州开发区、黄埔区特质规划，进行特色园区的产业公地布局，打造具有广州开发区特色的高端专业化园区。按照“两城（知识城园区、科学城园区）一区（临港区园区）”主体框架，推动“一带、两城、三岛”，即“123”产业公地布局。其中，“一带”是指长岭居园区（含永和园区）、云埔园区（含东区园区）、西区园区，以先进制造业为主，集中了目前全区 70% 的经济能量；“两城”是指知识城园区、科学城园区，以高端制造和知识密集产业为主；“三岛”是指生物岛园区、长洲岛园区（含临港区园区）、西区半岛园区，集中了生物医药、先进制造与休闲产业。“123”产业公地布局要求各产业片区协调配合，按照特殊产业要求配置产业支撑资源，达到产业发展与创新的目的。

2. 围绕集群创新提升，建设以高级制造为核心的关联性产业环境，目标是打造具备最好条件的产业公地

集群创新是新型园区建设的总体要求，这不仅是单个产业、单个企业的个案创新，而且是整个产业链、集团企业的共同创新，而共同创新则需要特殊的创新环境，需要集群创新发展的产业公地。“123”产业公地布局，应在专业化、特色化园区建设的基础上，配备高级制造业创新环境，按照目前确立的六大创新型产业集群要求进行个性化设计，满足每个产业集群自身的产业环境要求。“一带、两城、三岛”各园区之间要协调配合，从项目承接、技术支持等方面进行关联创新。

3. 围绕公共平台提升，全面整合与优化配置区域资源，目标是创造优越的产业公共发展平台

公共平台是产业公地发展的关键，要求有政府和市场提供的平台，包括信息平台、技术平台、实验室平台等。这方面广州开发区、黄埔区提升的空间很大。公共平台的提升与发展，应考虑梳理区内各个平台现状，优化配置公共平台资源，围绕全区产业方向、创新导向进行引导，使区内各个产业与企业都能够共享，发挥平台资源的最大利用价值。在资源配置过程中，采取政府供给与市场机制两种手段，发挥政府公共资源的有效利用，也推动市场主体提供有偿资源配置，尤其是在开放性实验室创造更大的创新发展空间。

4. 围绕服务效率提升，狠抓政府公共服务改革创新，目标是创建最好的政府服务发展环境

政府服务显然是产业公地建设的重要内容，要以服务型政府为抓手，利用信息化技术手段，拓展四项服务内涵：一是办事服务，创造最好态度、最快速度、最高满意度；二是审批服务，创造最透明、最便捷标准；三是协调服务，降低各类企业和居民的经营、生活成本；四是解困服务，有针对性地消除困难。处理好集中服务与分散服务、有求必应与主动服务、全面服务与个性服务、定时服务与全天候服务的关系。

5. 围绕标准化提升，推动统一规范的产业政策体系建设与发展，目标是重构产业发展的政策环境

产业政策被认为是产业公地的一项核心内容，任何成功的产业园区都离不开产业政策支撑。要以公共政策体系为核心，对全区的各类产业政策、科技政策、人才政策等进行全面梳理，按照产业类别建立统一规范的产业政策体系，实施产业发展的标准化治理。产业政策体系治理，重在谨慎出台、统一规范、公布执行、落实兑现；应考虑政策评估，实施动态管理，即对政策体系进行效应评估，政策效应好则进一步强化，政策效应差则必须及时纠正甚至废除。

6. 围绕便利化提升，加快产城融合发展，目标是建设产业、创新与城市发展一体化

围绕广州开发区产业公地建设目标，必须重点实施两个便利化发展策略，即投资和贸易便利化、休闲生活便利化。结合正在申请的国家级产城

融合示范区建设，加速区内生产经营与高端便利化，既创新良好的法治化、国际化、市场化营商环境，又提供一流的高端生活环境，使广州开发区成为产城融合发展的典范。

（二）产业公地发展的八大系统

1. 建设高端配套设施系统

对全区进行全方位规划布局，围绕专业化园区、道路交通、园林绿化、供水供热、物流集散、员工设施等重点内容进行点轴式、智能化配置，进一步强化“九通一平”。加强路网建设，对全区道路交通进行全面规整，在实施道路“八纵八横”基础上，打通自知识城到临港区园区的快速直达路，降低南北通勤成本；加速地铁、BRT 建设，完善科学城路网，知识城、长岭居等新产业园区尽量按数字顺序排列大街。加强公共配套建设，发挥区恒运公司供热作用，形成辐射全区的清洁能源系统，加快国际学校、高端卫生、休闲设施建设，实现生产经营与生活便利化。

2. 建设统一政策体系系统

明确区直属职能部门统筹、专业部门执行落实，授权区政策研究室将全区所有经济社会发展政策进行统筹，建立一个便捷、规范、标准、权威的政策体系，进行综合规范管理。政策体系系统包括政策调研、政策出台、政策执行、政策反馈、政策修订、政策废止等各个环节，还包括政策执行中的公开透明、效果评估及其动态治理。区政府（管委会）建立一个统一的发布平台、受理载体、执行监督等，有效建立全区统一、规范、透明的政策体系。这是产业公地建设的重要之举。

3. 建设规范服务体系系统

成立全区政府服务领导小组，办事机构设在经济发展局或企业建设局，区直部门应成为其成员单位，对所有涉及服务产业、行业和企业的服务工作进行规范统筹，形成广州开发区、黄埔区特有的产业服务体系系统。具体包括：政策服务，将所有的产业政策（创新政策等）公之于企，除了线上服务外，还必须送政策上门并解读政策；解困服务，即解决产业发展和企业中的困难和问题，协调各部门之间、企业之间及其他组织的事务等；专业服务，为各类产业和企业提供专业化服务，专业服务可以采取市场机制办法，实现服务价值增值；监督服务，由区纪检监察及组织部门进行严格监督，确保各类服务的高质高效，建立有效的服务质量评估系统，实现服务标准化建设。

4. 建设新型科技孵化系统

科技孵化器是一种新型产业公地。新型科技孵化器要求布局新、形态新、服务新、增值新，便于创建大量新型业态。举全区之力，围绕新一代信息技术、生物与健康等细分领域，建立类似“国家队”的应用技术研究平台，重点攻克产业发展的基础技术、共性技术和关键核心技术，开展技术成果转移、人才培训等业务。重新梳理全区高成长性中小企业，依托广州开发区、黄埔区跨国公司与高科技企业多、企业管理理念先进、产业集群强大、营商环境优越等优势，加大对中小微企业的扶持力度，在稳固区域产业集群根基的基础上，衍生并带动相关产业的发展，形成新集群、塑造新优势。

5. 建设新型科技加速系统

加速器是一种新型产业公地。未来创新型产业园区的发展活力在于比拼技术创新能力和技术转化效率，未来创新公地或者加速器的活力在于加速的价值提升。广州开发区科技型企业加速器是由政府投资、国有企业运营的区内唯一的科技加速器，规划占地 28 万平方米，总建筑面积 75 万平方米，总共有 30 栋房屋建筑。但这个加速器仍有近一半的空置率，造成创新资源的浪费。需要建设通过服务模式创新充分满足企业对于空间、管理、服务、合作等方面个性化需求的新型空间载体和服务网络，形成较强的集群吸引力和创新网络形态。

6. 建设高级人才支撑系统

启动实施“教育枢纽”的建设项目，积极洽谈世界前 100 名、国内前 10 名的大学，结合广州开发区、黄埔区产业发展定位，独立或联合创办研究生院、专业学院、高端培训学院、“千人大学”等办学机构，力争聚集一批国内外高校合作项目。参考清华大学深圳研究生院与香港中文大学联合办学模式，在知识城“教育枢纽”引进国际知名大学与国内前 10 名的大学联合创办研究生院。参考北京大学深圳汇丰商学院的办学模式，调研区内企业培养人才意向，与拟引进的高校资源对接，由政府、企业、高校共同投资联合办学。建设开放化的科教园，在知识城建设公共校区并配套大学后勤服务，打造没有围墙的大学科技园，先期以免租的形式提供给合作办学对象，继而有偿租用，最后大学回购，加快引进一批国内外知名大学及研究院入驻。可以探索引进工研院、MBA 等收益比较好的院校，吸引社会资本、风投公司参与开发建设，兴办股份制学校，建立完善的利润机制、退出机制，社会资本和风投公司按入股比例参与利润分红。引进国际高端知名教育机构，为区域职业培训配套体系树立标杆，通过开展高端培训，为广州开发区、黄埔区培养、输送更多具有宽阔的专业知识、具有多种能力和发展潜能的创造性高端人才。建设国际学术技术交流会议中心，提供国内与国际著名大学和研究机构学术与技术交流的平台，定期举办各专业方向的国际学术会议，长期举办国际论坛。

7. 建设新型产业联盟系统

重点实施四大“泛产业联盟”工程，整合全区行政资源、行业协会、科教社团、知名专家等要素并加以推动，强化产业联盟、中介机构、行业协会等作用。具体包括：泛健康产业联盟，将所有涉及人类健康的支柱及主导产业纳入，包括精细化工、生物医药、新兴材料、食品饮料等支柱产业集群；泛智能产业联盟，以高级电子信息、平板显示、智能电子、智能装备、工业机器人为核心的智能型新兴产业，特别是高级设备制造业；泛文化产业联盟，以文化为纽带的科技型产业；泛金融产业联盟，为全区制造业、其他产业和居住服务的各类金融前台及后台服务业。

8. 建设公共技术平台系统

搭建公共技术平台，通过资金流、信息流、人才流与政府、集群内企业、地方政府、集群内外的大学和研究机构、产业联盟、中介机构、行业协会组成紧密联系的集合体，最终实现资源的开放整合和高效利用。保持平台的独立性、公正性、收益性和辐射性，集聚在平台上的各类机构依托平台提供的供需信息，为企业提供服务和匹配的资源，不受政府任何约束和干预。基于 PPP 的产业共享模式在世界范围内可照搬的成熟模式较少，政府及公共事业单位可以发挥主导作用，以行业及企业领导者为纽带，制订切实可行的方案及共同遵守的规则，提供相应投入，共同构建信任与合作关系。充分利用周边高校的学科优势，如中山大学半导体专业，华南理工大学材料、机械、汽车专业，暨南大学光电专业，广东工业大学自动化专业等，都与区内具有较高的产业关联。

（三）产业公地发展的八项措施

1. 整合提升区内多个功能区和创新载体

借鉴世界一流科技园区经验，强化各产业园区之间错位发展与关联发展，形成各具特色、功能互补、资源共享、协同发展的格局。科学城进一步以规模化、高端化的研发与服务体系为发展重点，建设成为研发、孵化、产业、商务、居住生活一体化的综合高科技社区，成为开展国际技术交流合作、抢占世界技术制高点的前沿阵地，成为世界级的研发基地。生物岛要成为中国参与国际生物技术竞争与合作的重要平台，成为国内外生物技术研发机构和生物技术企业总部聚集区，成为具有国际影响力的生物技术聚集区和产业化基地。其他园区也要按照创新型科技园区的发展方向进行升级转型。

2. 着力打造国家级科技金融示范区

进一步加大投入，抓紧创建区域性金融物理空间，推进知识经济发展的金融港建设，分阶段、有重点地引导金融机构到广州开发区金融服务区聚集发展。积极创造条件，争取人民银行、银监局、证监局、保监局“一行三局”共同入驻金融服务区，使金融服务区和商务区成为区域性科技金融中心。采取财政补贴、房产置换等多种途径，推动现有金融机构（尤其是大型金融机构）进驻金融商务区。加快科学城金融创新服务区建设，将科学城金融创新服务区升级为国家级科技金融创新服务区，加快知识城金融物理空间的规划布局等。

3. 加快商品检测认证产业园区建设

目前，全球多家权威的商品检测认证机构，如英国天祥公司、瑞士通用公证行、德国莱茵集团、美国美华认证公司等已落户广州。测试项目涉及汽车、信息技术设备、资讯设备、医疗器械、食品微生物、建筑材料等数十个行业。为此，要进一步推动在知识城、科学城形成检测认证机构的大规模集聚，成为国内测试项目最多、涉及行业最广、认证资格和水平最高、检测能力最强的地区，业务范围将全面覆盖和辐射整个珠三角乃至华南地区，为产业创新与发展提供土壤。在建设商品检测认证产业园区的过程中，要充分运用政策、资金、人才等手段多方面给予支持，营造商品检测认证产业发展的良好平台，促进商品检测认证产业发展，扩大广州开发区产业集群辐射力，进一步提高广州开发区产业、企业和产品的国际竞争力。

4. 加快培育知识密集型服务业集群

知识密集型服务业包括研发服务业、技术性服务业、市场服务业、管理咨询业、信息服务业、法律服务业、金融服务业、人力资源服务业八大类型。围绕广州开发区高端制造业发展，应加快知识密集型服务业集聚发展，为制造业提供专业知识服务，向社会和用户提供以知识为基础的中间产品或服务的公司和组织。应以现有的科技园区、科研院所平台为载体，结合经济发展模式转型，将知识密集型服务业作为广州开发区发展的一个重要创新集群进行培育。

5. 设立广州开发区服务创新研究院

学习借鉴欧盟服务创新研究院和中国台湾工研院的成功经验，在加快推进广州中国科学院工业技术研究院建设的基础上，筹备设立国内首家服务业发展研究院——广州开发区服务创新研究院，作为推动广州开发区、黄埔区产业发展的创新引擎，促进广州开发区工业提升、服务创新及其他高端发展。其职能包括：对服务业进行分类研究，提供服务业发展的咨询服务；定期发布服务业发展研究报告；设立服务业实验室，研究和检测服务业新的商业模式；促进服务业企业学术与官方机构的合作；开展与服务业相关的技术开发与成果转化；建立与国内外各种行业协会、创新组织、信息机构的广泛联系等。

6. 建立产业集群发展协调机制

参照日本的技术先进首都圈区域（TAMA）的产业集群化经验，设立广州开发区产业集群发展协调委员会，由大中小企业和大学、专科学校等教育机构、官方研究机构组成，由政府各部门提供必要支持，其主要职能是促进产学研协作和交流，并及时对广州开发区产业集群发展中的产业配套、资源配置、技术创新、生态保护、体制机制等问题进行研究，与国内外产业集群协调组织交流合作，提供具体思路与对策。

7. 创建广州开发区产业政策体系

建立全过程、多样化、持续性的产业成长与自主创新政策体系，为区内各产业、各类科技型企业提供全过程的政策扶持与解决方案，营造广州开发区本土产业政策体系与自主创新生态体系。这些政策包括：产业初创阶段、成长阶段与成熟阶段的各类政策，针对创新创业种子期中小科技型企业的扶持政策措施，促进科技型企业加速成长的政策措施，鼓励引进、培养和造就创新人才政策等，形成一个全新的产业政策与创新政策体系。大力实施标准化战略，创建国家高新技术标准化示范区，进一步完善知识产权示范区建设，通过占领标准高地，提升广州开发区产业的辐射力和影响力。

8. 进一步打造法治化、国际化、市场化营商环境

加强知识产权管理，建立专利、商标、版权、集成电路布图设计等知识产权统计体系，将有关统计指标纳入财政科技投入绩效评估、高新技术企业和民营科技型企业认定审核、各级企业技术中心和工程技术研发中心达标验收及名优品牌产品择优推荐的评价认定等，加大知识产权在科技进步和技术创新指标考核中的数量和比重。建立重大项目的知识产权审议认证制度，对拥有自主知识产权的重大高新技术成果产业化项目，优先列入市重点建设项目计划，享受绿色通道便利。设立广州开发区专利发明奖，对在知识产权工作中作出突出贡献的单位和个人给予奖励。加强知识产权服务体系建设，建立支柱产业和新兴产业知识产权专项数据库等，对相关行政事业性收费全部予以减免，以降低企业运营成本。

五、推进产业公地发展的保障机制

1. 组建全区产业公地建设领导小组

组建产业公地建设领导小组，进行统筹协调与组织落实。领导小组成员为开发区管委会各直属部门，各个部门肩负各自的职责。领导小组下设办公室，放在广州开发区发展与改革局具体推动，负责产业公地的规划、建设与协调、执行等。

2. 引导企业主动参与产业公地建设

通过宣传培训，使企业理解身处一块繁荣的产业公地所具有的战略价值。引导企业构建精通技术和运营的董事会；引导企业投资本地的产业公地，这是竞争优势的源泉。利用财政手段或股权投入方式支持企业建设对社会开放的实验室、检测室、大型行业设备等。政企合作，企业运营。鼓励行业领先企业建立具有国际影响力的实验室，以龙头企业为主、政府提

供支持的方式建立具有国际一流水平的相对公共的实验室，制定一套行之有效的利润分配体系。投入资金，鼓励企业建设培训学院和研究院。充分发挥行业协会、企业家联谊会在产业公地建设中的作用，定期组织企业家之间、高校专家与企业家之间的交流活动。

3. 重视产业链服务平台建设

大力支持产业链电商平台建设，积极参与建设或引进融资租赁公司。大力提倡产业公地招商，重视集群式引进。鼓励企业建立基于供应链服务的第三方平台，通过向相关企业提供优质供应链管理服务，与企业形成互惠互利、良性发展的商业生态环境。

4. 形成开放性融智机制

政府支持基础研究和应用科学研究以构建全面的能力，投资现代制造业发展所需要的专业化人力资本。设立广州开发区自然科学基金，支持企业联合申报重大技术攻关项目。开展工学人才工程，在相关高校设立开发区“奖学金计划”“助学金计划”。形成“不求所有，但求所用”的人才引入机制，将政府人才引进政策指标交给真正需要业内人才的企业进行筛选，而不是以职称、荣誉称号判断人才水平。

5. 建立混合型产业公地和创新公地供给机制

从广州开发区层面建立产业公地发展基金，用于产业公地和创新公地的基础设施建设。同时发展区内企业、社会资本参与公地各项配套建设，大力提倡企业园中园建设，推动各园区创新苗圃、项目孵化和加速等完整的项目建设。全面挖掘老工业区的土地存量，利用社会资本进行更新改造，发展科技综合体、楼宇经济、服务经济等。

6. 大力宣传广州开发区、黄埔区产业公地的区域品牌

充分利用网络媒体和平面媒体，宣传广州开发区、黄埔区具有丰富多样的产业公地体系和产业生态系统。

第七章　广州开发区未来经济发展的具体路径与政策体系

开发区未来经济发展，是在全球化背景下以工业化带动城市化，谋求持续的报酬递增，是一项系统工程，需要探索全面科学的发展路径和系统完善的政策支持系统。

一、新兴产业的发展路径与政策体系

战略性新兴产业是未来产业体系中的主干产业，要突破基于劳动力成本低等比较优势的产业发展理念，不能囿于短期成本优势，要从动态竞争力的角度，选择高起点、跨越式的产业发展理念，重在形成长期技术优势与产品标准话语权。根据发达国家的经验，战略性新兴产业发展，是政府与市场“握手”联合推动的跨越式发展。战略性新兴产业，多具有资本密集型与技术密集型特征，需要新的商业模式和融资模式。

（一）产业集群发展路径的三种模式

1. 产业技术路线图引导发展

产业技术路线图是在产业技术规划的基础上发展起来的。美国国家半导体产业技术路线图（NTRS）详细描述了长达15年的产业技术路线，引导和推动了美国半导体产业的发展，一举扭转了之前落后于日本的局面。此后，世界主要国家纷纷启动本国产业技术路线图的制定工作，产业技术路线图日益成为战略性新兴产业内部企业技术创新的指南。广东省已启动了战略性新兴产业技术路线图绘制工作。[①] 广州开发区应尽快开始绘制产业技术路线图。

2. 模块化创新和产业战略联盟建设

作为复杂系统模块分解和集中的方法，模块化通过对技术、产品以及组织的模块进行分解和集中，正成为新产业结构的本质。模块化降低了价值链的复杂程度，为发展中国家战略性新兴产业融入全球生产网络提供了机会。模块化通过产品架构突破创新，实现产业标准化控制；改变企业和产业边界，促进专业化分工合作、外包、联盟迅速发展；模块化系统具有组织柔性、信息流动、协同演进优势和有效治理机制。

3. 孵化器与加速器培育

孵化器和加速器分别适用于战略性新兴企业的初创期和成长期。孵化器为战略性新兴产业提供技术源和资本源。加速器是培育并助推高成长性企业发展的产业服务项目，满足企业对空间、管理、服务、合作等方面的个性化需求，加速科技成果转化。丹麦科技与创新部的“瞪羚成长计划”和爱尔兰的“商业加速器项目”是比较成功的案例。广州开发区内已形成华南最大的孵化器和加速器集群，区域孵化体系链条较完善，为培育战略性新兴产业集群奠定良好基础。

（二）战略性新兴产业的财政支持

1. 财政专项资金与财政贴息

成立战略性新兴产业发展专项基金，对企业信贷融资提供担保和财政贴息补助。完善专项资金分配制度，强化资金分配的产业导向，鼓励基于产业链融合的合作。

2. 税收支持

利用《珠江三角洲地区改革发展规划纲要（2008—2020年）》赋予的“先行先试”的政策精神，争取对战略性新兴产业进行税收支持。广东省委、省政府《关于加快经济发展方式转变的若干意见》提出的“研发费用

① 广东省绘制的产业技术路线图主要有：龙芯应用技术路线图、广东省绿色无铅产业技术路线图、广东省生物质能产业技术路线图、广东省铝产业技术路线图、广东省食品安全检测与评价技术路线图、广东省建筑陶瓷产业技术路线图、工业产品环境适应性国家重点实验室技术路线图。

税前加计扣除”“高新技术企业减按15%税率征收企业所得税”以及相关进口设备免税等政策，在战略性新兴产业领域怎样落实，需要税务部门尽快细化。相关部门应为战略性新兴产业的企业的纳税申报、税收咨询、税收管理等提供优质高效服务。

3. 结转与返还

应允许战略性新兴产业的企业在一定时期内（尤其是起步阶段）的经营亏损可以向前或向后若干年进行结转，进行税收抵免。对战略性新兴产业的企业当年上缴财政收入比上年增长幅度较大的，由政府按照当年上缴财政收入增长部分的一定比例对企业予以奖励。

二、培育丰富完善的企业组织形态

广州开发区要培育丰富的企业组织体系，做到：大、中、小企业并存，外资、国企、民企各类性质的企业并存，各领域的企业并存，形成错落有致的有序分工体系。

（一）外资企业：高端引进，存量提升

按照培育国内（区域）价值链的要求，外资企业引进要定位高端，集群式引进，产业链相关企业引进。对于存量企业，要引导企业正确认识人口红利的变迁，提高生产机械化与自动化水平。

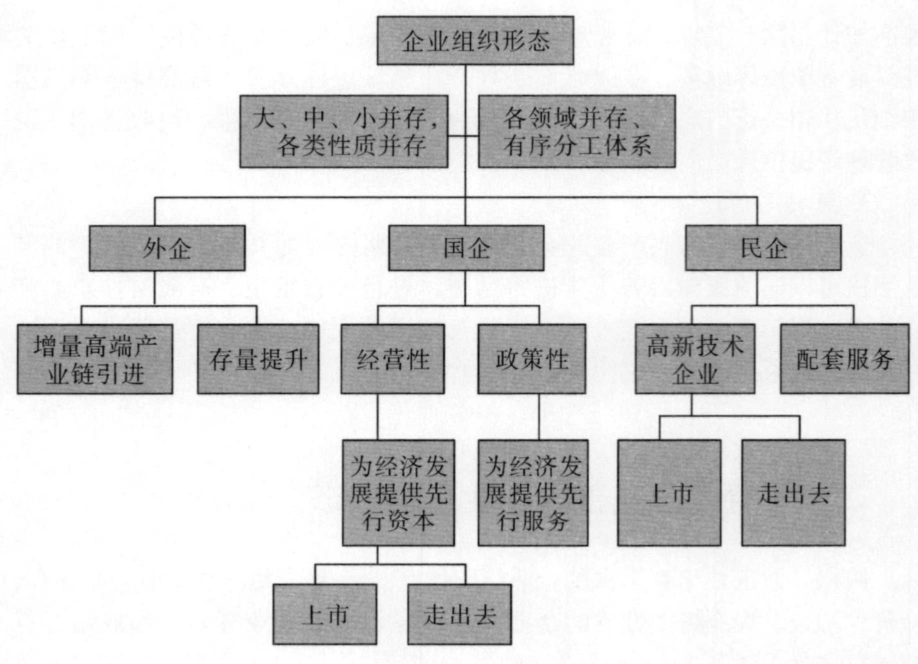

图7-1 企业组织形态路径

（二）国有企业：分类经营

经营性国企，要为广州开发区经济发展提供基础设施等先行资本，提供公共物品，要做强做大，争取上市，争取企业“走出去”；政策性国企，重在为经济发展提供先行服务。

（三）民营企业：高起点，产业链共生

民营企业重点发展高新技术企业，一定要高起点，培育上市公司，培育具有能力“走出去”的企业。一部分民营企业应定位于为广州开发区内大型企业提供配套服务，形成产业链共生关系。

（四）大、中、小企业共生关系

大、中、小企业共生要重视金融联系。传统的大、中、小企业共生，主要局限于产业链各个环节的分工与协作，现在不仅要如此，更要重视大、

中、小企业的资本联系与产权联系，做到“你中有我，我中有你”。这需要中小企业产权交易市场的形成与完善的配套服务，并以此为依托，形成中小企业的融资等金融服务体系。

从全球视野看待大、中、小企业共生。大、中、小共生的企业形态不能仅仅局限在境内。境外企业“走进来”与境内企业“走出去”是相辅相成的。有些产业链分工环节的中小企业，受到经济、社会、环境、资源、生态等多重因素的影响，是可以主动“走出去”的。符合需要的境外中小企业，可以主动“迎进来”，而不是仅仅局限于大企业“走进来”。

三、提升现代金融服务，形成多元化的投融资体系

（一）多元化格局

形成多元化投融资格局：融资多元化，主体多元化，手段多元化，实现政府投资与民间投资、外商投资与国内投资良性互动，形成外企、国企和民企共同发展的局面。融资多元化：财政资金、信贷资金、社会资金、外部资金筹集齐头并进，财政资金要重视重大项目的上级财政资金专项转移支付的支持。主体多元化：财政支持，企业主营，市场融资，项目运作，社会参与，外资引进，多元发展。手段多元化：直接融资与间接融资并重，股权融资与债券融资并重。

（二）具体措施

1. 财政专项资金

依托举办具有影响力的重大项目活动，其投资可以通过产业关联促进经济增长。北京奥运会、上海世博会、广州亚运会、深圳世界大运会，对当地经济增长起到巨大的推进作用，其中财政专项资金功不可没。申请举办具有国际影响力的大型活动，在基础设施、重大项目建设等方面，积极争取上级财政的支持。

2. 基础设施投融资

按照“政府引导、社会参与、市场运作”的原则，通过开放基础设施建设和经营市场，逐步改变财政资金主导的投资体制，建立起由政府组织

项目筹划、通过有政府背景的资本产业机构在境外资本市场直接融资、筹措建设资金或向境内外投资者招投标建设与经营、政府给予优惠政策或综合补偿的新型投资机制；建立科学的基础设施价费机制和投资补偿机制，引导社会投资；引导国有资本向基础设施、基础产业领域集聚发展；以BT、BOT等方式，吸引国际资本、国有资本、民间资本的投入；积极争取国际金融组织对一些重大基础设施和环保等可持续发展项目提供低息或无息贷款。

3. 资本化体系

探索项目抵押融资、资产证券化等多种融资方式。企业可以资产与未来收入流为抵押，通过金融市场跨时空的价值折现进行融资；培育战略性新兴产业的龙头企业，要成为资本市场的后备上市公司；建立非上市公司股权交易市场平台；发展各类股权投资基金；鼓励各类风险投资机构、信用担保机构、金融机构对战略性新兴产业的发展予以支持。

4. 知识资本化

探索知识产权质押融资机制，形成知识资本化的生态机制。美国硅谷产业集群生态系统的形成主要得益于大学和研究机构的参与，加之富有活力的风险投资者尽用那里完善的综合服务基础设施、人才智力库、企业家精神以及创业板市场，使之成为一个知识再生循环系统，并存在着一种快速淘汰、鼓励创新、催生新企业和知识资本化的生态机制。

5. 完善投资中介服务体系

大力发展投资咨询、评估、设计、监理、会计、法律、审计和招标代理等中介服务机构；拓展中介服务的业务范围，充分发挥投资中介机构在投资决策和建设实施中的服务作用。

四、全球化融智与多层次智力支持体系

广州开发区经济发展需要国际化的智力资本支撑体系，形成一个相对持久的全球范围的“融智”机制。美国硅谷核心竞争力之一就是独特的创新文化氛围和全球营运知识社区氛围。

（一）建立国际性智力精英的人力资源贮备库

要追踪全球，做到及时了解各产业国际上特定领域领军人物及其团队

的基本信息，便于沟通与联系，不求所有，但求所用；绘制产业人才分布地图；绘制主要产业相关专业的学校区域分布图与科研机构分布图。

（二）人才培养与合作研发

（1）充分利用广州高校的国际化优势和港澳高校的国际化运作模式，鼓励和协助具有实力的企业与境内外高水平大学和培训机构建立人才培养的渠道与平台，在重点领域积极引进境外高质量的培训机构和项目。

（2）鼓励和协助企业与境内外高水平大学和研发机构建立联合研发平台，要及时追踪、了解、掌握产业技术发展的最新动态；引导和鼓励组成技术联盟突破核心技术；加强与周边的中山大学、华南理工大学、暨南大学及其他科研机构的合作交流，并创造条件吸引外地高校、科研机构和各类人才来共建重点实验室、科技型企业孵化器、研发中心、工程技术中心、技术转移转化中心等。

（3）政府可支持企业派遣技术人员赴欧、美、日学习，也可请国际知名专家讲学与帮助企业培训技术人才；鼓励企业与行业协会，积极参加国际组织，加强国际交流，通过举办国际论坛和展览会等活动，了解吸收战略性新兴产业发展的先进理念。

（三）打造吸引留住高端人才的“磁场”

1. 多方配合搭建“引智平台”

充分利用国家外专局的引智平台；组建海外高端人才基金会，直接接受用人单位的申请；利用国际人才资源机构开发国外人才智力，与跨国猎头公司签订合作协议，拓展引进国外专家智力的空间和渠道；设立海外人才联络机构如我国驻外使（领）馆、海外联谊组织、华侨华人专业人士社团、留学人员社团，发布海外人才需求信息；召开国际人才交流会、洽谈会等高端人才引进会展；在美国、加拿大、德国、法国、日本、韩国等留学人才密集区设立开发区引进海外人才工作联系站；积极吸引海内外人才中介服务机构入驻，实行减免办公场所租金等政策优惠；鼓励社会各方参与引进海外人才，对国内外单位和个人帮助介绍海外人才到广州开发区创业、工作和服务的，视情给予奖励；每年组织赴欧美等海外人才密集地区举行专题推介、招聘引进人才，通过召开座谈会、推介会、洽谈会等形式与到访地留学生人才广泛接触，大力宣传广州开发区引进海外人才的政策措施；每年组织参加国内举行的海外人才推介会、科技创业交流会、项目洽谈会等，展示广州开发区良好环境和形象，增强海外人才到广州开发区创业的吸引力；利用“广交会”“留交会”“广博会”等重大活动机会，组织“海外人才广州开发区行”活动。

2. 不求所有，但求所用

对因国籍、家庭、国内科研条件无法满足科研需要，国内科研梯队建设不足等原因导致无法回国的海外人才，可由广州开发区提供科研经费，利用国外科研条件从事广州开发区所需科技研发，要求与区内科技人员进行经常性交流。

3. 善用媒体

对业绩突出的海外人士，授予相关奖励，并在新闻、电台、网络、报纸等媒体进行宣传，从精神层面进行激励。每年组织召开开发区海外人才座谈会或联谊会，主要了解他们在工作和生活中的状况与意见，逢重大节日开展走访慰问活动，密切与海外人才的联系和交流。

五、健全科技服务体系

（一）明确政府职能定位，坚持科技中介机构的公司化、市场化、产业化运作

广州开发区多数科技中介机构是事业单位性质，由政府有关部门批准成立，并在主办单位的利益驱动下发展起来。有的科技中介机构“半官半企”、身份模糊，不仅影响其市场竞争意识的树立，也会对无政府背景民营科技中介机构的成长产生“挤出效应”。政府中介应当扮演其他科技中介机构孵化器的角色，定位于中介的中介，而不是竞争者。要理顺政府与科技中介机构的关系，使政府对科技中介机构的作用从目前微观直接管理转为宏观间接引导。

建立营利性的科技中介机构是未来的趋势，首先要清晰地区分出广州开发区各类科技中介机构的性质，对政府经营或挂靠政府的各类性质的科技中介机构实行社会化转制；把各类科技中介机构真正推向市场，走市场化、商业化道路，使其成为自主经营、自负盈亏、自我发展、独立核算的

独立法人主体。

（二）大力发展科技咨询业

把科技咨询业纳入第三产业发展规划中，积极完善相关政策法规，加强包括信息服务在内的基础设施建设，把科技咨询业作为一个重要的产业，支持推动其发展；加强科技咨询业的人才队伍建设，通过优惠政策，大力引进高水平科技咨询人才，吸引高层次的海外留学人员到广州开发区从事科技咨询工作或创办各类科技咨询企业；建立健全科技咨询业职业培训制度，对原有人员或新进人员，通过办培训班等多种形式进行人才培训，培养一批具有较高的业务能力和职业素质的科技咨询人才。

（三）重点建设科技金融服务体系

1. 吸收各类资本广泛参与融资体系

积极探索多元化的投资主体，形成国有资本、各类金融机构、民间资本、多层次资本市场的合力，构成一个立体的科技金融服务体系；建立与高科技企业生命周期相适应的多层次资本市场，培育能够在主板市场、二板市场、场外交易市场和私募市场融资的企业。

2. 完善科技型企业信贷服务体系

建立以贷款贴息、担保和保证保险补偿为核心的融资政策支持体系，降低科技型企业融资门槛，缓解科技型企业融资难度。设立财政专项资金，对高新科技企业提供直接性资金投入、财政性资金补贴、政策性风险担保、优惠税收政策；继续推行高新技术企业研发费用税前加计扣除、企业所得税减免等科技创新政策。引导区内银行业建立符合科技型企业成长特点的融资服务机制，设立专门为科技型企业服务的科技金融支行，并制定专门的科技型企业信贷政策；科技银行对经认定的科技型企业按照基准利率发放贷款，政府应以基准贷款利率为基础，对科技银行按照一定比例给予适当的财政补助；适当提高对科技型企业不良贷款风险容忍度，发放给科技型企业贷款成为超过一定比例的不良贷款净损失，可在相关商业银行实施尽职审查的前提下，由区政府分担相应风险。

3. 鼓励保险机构开展科技保险业务，支持保险机构创新科技保险产品

要鼓励保险机构创新开发科技保险产品，支持保险机构为科技型企业

提供多层次的风险保障服务，开发适合科技型企业实际需求的保险产品，例如知识产权保险、技术交易保险、科技成果转化项目保险等，探索支持科技型企业的新模式，但科技保险费率不宜高于一般商业险和寿险。

4. 加快发展科技金融中介机构

完善市场支撑体系，大力发展科技担保机构、信息咨询机构、信用评级机构、会计师事务所、律师事务所、证券评估机构、资产评估机构等中介机构，强化中介机构的咨询服务功能，为中小科技型企业提供融资和财务方面的咨询和指导服务；支持知识产权评估机构发展。政府应该在无形资产评估等方面为知识产权质押融资创造条件，制定专利、商标、著作权等知识产权价值评估细则和投资交易方法。要完善科技金融信用中介机构，并委托会计师事务所对区内处于开办初期、首次向商业银行申请贷款的小微企业年度财务会计报表提供审计服务，并纳入统一的企业财务会计数据信息管理平台集中管理，为金融机构、融资担保公司提供规范、有效和安全的财务会计信息查询服务。

5. 加快培养专业化科技金融人才

以复合型、应用型、创新型和国际化作为科技金融人才培养定位，培养专业化科技金融人才。加大与人才培训机构的合作，组织科技金融培训班，使培训工作覆盖主要的金融机构和科技型企业。通过举办培训班、脱产进修、强化培训，请国外咨询专家进行讲学，以及组织各种类型的高级研讨等形式，培养一批具有较高的业务能力和职业素质的科技金融人才。积极实施科技金融人才引进政策，加大海外高层次科技金融人才引进力度，对科技金融人才的引进给予政策支持。

六、低碳经济发展路径与政策体系

当前的重点工作是，率先构建低碳型现代产业体系，打造低碳产业集群；评估碳关税征收对广州开发区产业发展的影响；研究广州开发区低碳发展的技术路线图；积极参与国际上关于低碳和低碳技术的交流，尤其是要加强与发达国家在低碳技术和碳捕获与埋存技术方面的交流合作；发展生态产业，实现生物固碳。

生物固碳

生物固碳是利用植物的光合作用，通过控制碳通量以提高生态系统的碳吸收和碳储存能力，所以其是固定大气中二氧化碳最便宜且副作用最少的方法。生物固碳技术主要包括三个方面：一是保护现有碳库，即通过生态系统管理技术，加强农业和林业的管理，从而保持生态系统的长期固碳能力；二是扩大碳库来增加固碳，主要是改变土地利用方式，并通过选种、育种和种植技术，增加植物的生产力，增加固碳能力；三是可持续地生产生物产品，如用生物质能替代化石能源等。

（一）研究制订开发区发展低碳经济工作实施方案

应明确低碳经济发展的工作思路、主要目标、工作重点及保障机制，把“低碳化”作为经济社会发展的战略目标之一；积极构建“低碳经济发展区”，研究建立以目标责任制为主要形式的低碳经济统计和考核体系，健全低碳化政策目标与评价指标体系；充分评估设立节能低碳技术创业投资基金的可行性，集中政府资源投入，推行政府节能低碳产品采购等激励措施；加大宣传力度，引导低碳社会生活方式，倡导公众节能减排、低碳消费、低碳经营理念，培育全社会的生态文明意识和行为方式，使低碳观念深入人心，形成低碳生活方式。

（二）产业路线引领

应编制低碳产业发展目录，针对不同类型的产业提出不同的低碳贸易指导政策。一是积极鼓励引导新能源产业发展，加大新能源和可再生能源开发利用的扶持力度。二是大力发展循环经济，推广应用可再生能源技术以及对现有高能耗产业的低碳化改造技术等，从源头和全过程控制和减少污染物的产生和排放；加强节能减排的监测和管理，严格控制高耗能、高污染、高排放和产能过剩行业的过快发展。三是积极开发森林、度假、养生等低碳旅游产品，大力发展具有岭南山水特色的历史文化、生态休闲型旅游业，制定并实施生态旅游标准体系，统一构建生态旅游目的地品牌形象。四是研究制定“低碳生产管理标准”，颁布“低碳标志”；在未来的招商引资中应主动确立低碳门槛，制定产业结构调整优化和产业导向目录，制定相应的低碳行业准入规定。五是逐步建立适合广州开发区的多元化的低碳技术体系，研究并提出广州开发区低碳经济发展的技术路线图。

（三）争取成为国家级、省级“低碳经济发展区”

（1）建设低碳城区和基础设施。建立健全低碳发展长效机制，形成宜业宜居城市环境。将低碳理念引入设计规范，合理规划广州开发区功能区布局；在建筑设计上引入低碳理念，在设计、装饰、建材选择等各个环节上做到绿色环保，推广利用太阳能，尽可能利用自然通风采光，选用节能型取暖和制冷系统；在家庭推广使用节能灯和节能电器。在不影响生活质量的同时，有效降低日常生活中的碳排放量。

（2）重视低碳交通发展方向。加强多种运输方式的衔接，建设形成机动车、自行车和行人和谐相处的道路体系；大力发展公共交通系统，建设有轨电气公共交通，鼓励节能环保型汽车的发展；建设现代物流信息系统，减少运输工具空驶率。加强智能管理系统建设，实行现代化、智能化、科学化管理；引导居民优先购买小排量汽车，制定切实可行的经济政策来鼓励人们通过公共交通出行。

（3）建设一批低碳经济试点。借鉴国际经验，综合考虑经济、能源、碳排放等因素，优先创建一批低碳社区、低碳商业区、低碳产业园区等低碳发展综合实践区，以及低碳商场、酒店、超市、学校、文化场馆、体育场馆等示范单位，探索有自身特色的低碳发展模式。

（四）低碳技术研发

充分发挥广州开发区强大的技术研发力量，重点攻关中短期内可以获得较大效益的低碳技术，尤其是针对降低重化工行业能耗的新技术，并由此建立起自己的低碳技术创新体系。一是要深入研究国际、国内节能减排形势和市场动态，进一步研究广州开发区生态资源在全省和珠三角生态系统中的地位与作用；进一步研究并掌握国际排放量测算方法、融资方式、市场规范措施、项目申报程序等问题；进一步研究广州开发区温室气体减排的潜力、成本与效率。二是加大节能低碳技术研发投入，增强自主创新能力；大力开发低碳技术和低碳产品，如太阳能、生物质能、风能、海洋能、地热能利用技术以及二氧化碳收集储存技术、超低二氧化碳炼钢技术等；整合市场现有的低碳技术，加速科技成果的转化和应用；加强国际交流与合作，促进发达国家先进适用的节能低碳技术转让。三是有序推进清洁发展机制（CDM）。引进发达国家的成熟技术，这种方式的优点在于成本低廉。广州开发区政府应研究制定相关的规范意见和政策措施，既要把握当前碳汇经济的机遇，积极开展 CDM 项目，又必须重视 CDM 未来政策的变化，未雨绸缪，认真做好项目梳理储备，加大 CDM 资源潜力开发；特别要注意改变二氧化碳排放权一卖了之，将 CDM 作为纯商业贸易项目的做法，更加重视通过 CDM 技术转让获取低碳技术，增强“绿色”经济技术支撑。

（五）体制机制保障

以华南地区首个国家生态工业示范园区为契机，建立组织、统筹推进、先行先试、重点突破，建立健全促进低碳经济发展的有效机制和保障体制，推动广州开发区经济生态化、低碳化发展。一是建立促进低碳发展的激励政策，用足用好国家、省、市节能奖励各项优惠政策，如节能量奖励、资源综合利用税收减免、高新技术激励政策和绿色采购等，通过“以奖代补”方式支持企业节能技术改造；制定并实施适合广州开发区的特殊优惠政策，增加节能减排、清洁生产、循环经济等专项资金，支持建立以企业为主体、科研院所参与的技术创新体系；研究开发和推广使用先进适用的节能减排、低碳经济等技术，增强企业节能后劲。二是充分利用市场机制，建立健全低碳发展长效机制；以税收、金融、价格、贸易政策、环境责任保险等经济手段为基础，发挥市场机制在配置资源中的基础性、导向性作用，以市场的手段引导经济社会实现低碳发展。例如，以制度推动减少碳排放，要运用价格和税收政策，研究建立排污权交易制度、碳交易制度、生态补偿制度；又如，推动工业节能，要将技术改造等费用纳入成本，引入发达国家普遍采用的合同能源管理、发电权置换、需求侧管理等手段；再如，推动绿色消费，逐步采用标准和标识制度，使节能成为消费者选择产品的考虑因素。三是强化区域排污总量控制、主要污染物排放总量控制和节能减排机制；制定排污总量削减计划和年度实施方案，把减排各项工作目标和任务逐级分解到各地和重点企业；借鉴试点地区经验，积极探索排污权交易等市场化的模式。

七、建立全方位、多层次、广覆盖的公共服务体系

（一）建立合理机制促使事业单位成为公共服务供给的主体

改革财政对事业单位投入的方式，建立规范的业绩评估和激励约束机制，对事业单位的公益性进行定期评估，按照公益性的大小确定财政对事业单位的支持力度；积极探索对事业单位支持的契约化方式，可以采取政府购买服务、合同委托、服务承包等多种方式支持事业单位发展，实现“以钱养事”，取代“以钱养人、养机构”的做法。

（二）探索多元化筹资机制

通过优惠政策的激励机制和公共资源的补偿性供给机制，鼓励和引导社会力量参与基本公共服务的供给；可以探索非政府组织、国际组织、个人等经济主体参与公共服务供给的方式与方法，放宽基本公共服务投资的准入限制。凡是国家没有明文禁止和限制的基本公共服务领域，都要对社会开放；凡是对社会举办和参与基本公共服务事业带有歧视性的做法和不合法的规定，都要取消。大力发展民办教育和民办医院等公共服务项目。政府可以按补偿成本加合理回报、财政拨补和社会公众合理承担相结合的原则，给项目经营单位贴补一定经营费用；通过公私合营、民间承包经营、BOT、TOT 等方式向民间资本转让全部或部分经营权。借助慈善与社会捐助等形式筹集公共服务建设，成立专门的公益基金，借鉴美国公益基金的管理模式，进行专业化管理；探索个体联合，以养老金为本金成立“养老金基金会”，按照“社区发展基金模式”进行管理。重视外资的作用，积极引导外资企业承担企业社会责任，大力吸引外商直接投资，通过海外产业投资的关联效应，带动城乡一体化与基本公共服务均等化。积极联系与申报国际各类专项组织、经济组织、社会组织、政府组织、企业组织的相关基金项目。

（三）建立健全公共服务体系

1. 公共教育

逐年增加财政性教育经费，逐年提高财政性教育经费占区当年生产总值的比重，不断提高教育经费年度总额占当年财政支出的比例；建立国际化幼儿园和中小学；重视外来务工人员子女义务教育，逐步实现符合条件的非户籍常住人口子女接受义务教育与当地户籍学生享有同等待遇，探索“积分制”管理模式，并按照积分高低每年择优录取一批外来务工人员子女入读公办学校；加强职业技术教育。

2. 公共医疗卫生

建立医疗卫生经费刚性增长机制，确保政府每年用于医疗卫生的经费增长不低于同期财政支出的增长幅度；完善覆盖城乡全体居民的医疗保障体系；建设国际化水平的医院；建设应急医疗机构和交通工具（如直升机）。

3. 公共文化事业

加强公共文化基础设施建设，针对缺乏场地、器材单一落后的现象，为人民群众建设一批集健身、休闲、保健于一体的文体活动场所；定期举办一批在国内外有重大影响的节庆文化活动和体育赛事，带动广州开发区的文化氛围。

4. 社会保障

继续统筹城乡基本养老保险，逐步缩小城乡、区域、群体之间的养老保险待遇差距；进一步扩大覆盖范围，尤其要把农民、农民工、失地农民、城市无业人员和城乡残疾人等群体的养老保险问题纳入制度设计；采取更好的养老保险基金征缴、监管与运营措施，保证养老基金安全与保值、增值；扩大基本医疗保险的覆盖范围，基本医疗保险政策要普惠到区内非公有制单位劳动者、私营及个体经营劳动者和流动就业劳动者，以适应广州开发区产业结构调整产生的新兴就业人群的需要；完善社会救助体系，体现救助过程中的机会公平、过程公平和效果公平，构建社会保障“最后一道防线”；发挥家庭、社区、NGO 在社会救助中的作用，建立多元化与社会化救助服务体系。

5. 就业服务

建立健全统筹城乡的就业服务制度，消除劳动者流动的体制障碍；建立完善城乡统筹的职业技能培训制度；高度重视区内失地农民的就业问题，建议政府、征地单位、征地企业建立专项基金，承担大部分人力资本培训经费，提升失地农民的劳动力综合素质。

6. 住房保障

构建与完善适应广州开发区的多层次住房保障体系，形成以高档住房制度、住房公积金制度、廉租房制度、经济适用房制度、限价商品房制度为主要内容的多层次分类住房保障供应体系。

7. 公用设施

建立以政府为主导、多元主体参与的公用设施建设模式，探索公私合营、民间承包经营、BOT、TOT 等方式，保证公用设施供给的资金来源；对广州开发区内的公交、公园、农贸市场、超市、银行、医院、汽车站、药店、停车场、电影院、餐饮、宾馆酒店等生活性基础设施进行合理规划；要加强公共设施后续管理与监督，尽量保证规划初始配置的人口能够享受到该类公用设施的服务。

（四）发展重点

1. 加强开发区企业服务平台建设

开发区企业服务平台是指按照开放性和资源共享性原则，为区内企业提供信息查询、技术创新、质量检测、法规标准、管理咨询、创业辅导、市场开拓、人员培训、设备共享等服务的法人实体。

（1）融资服务平台。面向在区内注册的各类科技型中小企业，设立广州开发区中小企业技术创新资金。以技术创新项目为对象、以市场为导向，重点支持种子期项目和初创期企业，择优支持有较大影响力和发展潜力的重大项目。根据企业的不同特点和项目所处的不同阶段，分别以无偿资助、贷款贴息、资本金注入等资助方式支持企业的创新活动；设立广州开发区中小企业孵化基金，主要用于科技型中小企业研发、中试、市场开拓，支持方式为无偿资助，对象为在广州开发区注册并在区内经营的内资或内资控股及留学生创办的科技型中小创业企业，同时要对资助最高额度、企业注册时间、注册资本等进行严格限定；进一步完善科技型企业融资担保服务体系，积极探索融资信用担保、产权交易、股权质押、大型设备租赁、闲置设备调剂等新型融资办法；积极探索多元化的投资主体，形成国有资本、各类金融机构、民间资本、多层次资本市场的合力，构成一个立体的科技金融体系，吸收各类资本广泛参与融资体系。

（2）科技支持服务平台。广州开发区内有大量中小企业，在研发过程中经常会遇到少了某些关键的仪器设备等问题。中小企业一般规模较小，资金缺乏，无力购买这些昂贵的仪器；或者有些仪器只在研发的某一阶段要用到，买下来长期闲置着不划算。建议区政府组建研发公共服务平台，把广州各家科研单位的仪器设备登记造册，集中到一个虚拟的平台上，让有需要的中小企业可以借用。这样可以极大降低园区内中小企业创新的门槛，避免不必要的行业成本和技术门槛。再者是通过研发公共服务平台管理，对全区科研资源进行整合与优化，建立研发公共服务平台的资源库，帮助企业迅速找到所需资源，提高企业的创新能力。通过研发公共服务平台，中小企业不仅能租借到有形的仪器，也能购买无形的专业服务。

（3）公共检测服务平台。广州开发区质检机构每年要为区内企业出具检测报告上万份。目前虽然部分项目的检测能力已达国内先进水平，但是在 EMC 等产品领域，尚无法满足相关产业的检测需求，导致区内一些生产企业需要把产品送到上海、北京等处检测，企业成本很高，耗费时间很长。如果建设相关专业检测实验室，则需要很大的场地、高端的设备和专业的检测人员。在调研中，视睿电子是为数不多能筹资上千万自建 EMC 实验室的企业，但对绝大多数企业来说，完全依靠自身投资建设产品检测平台，显然不经济，也不现实。建议广州开发区管委会借鉴大连开发区的成功经验，与相关质量技术监督部门共同建设“广州开发区检测科技园”项目，定位为集群式第三方检验测试科技园区。建立高水平的公共检测服务平台，不仅可以为企业节约成本、节省时间、提高效率，也有助于检测资源的整合，对政府部门掌控区域产品质量状况，提升产业水平有着积极的意义。

（4）企业交流平台。为促进广州开发区管委会与企业之间的和谐关系，企业与企业之间的和谐关系，打造广州开发区科技企业家的交流平台，建议组建一个新型的自律性非独立法人组织——广州开发区企业沙龙。该沙龙可以聘请有关领导、知名行业专家、学者为高级顾问，邀请广州开发区科技局、投资促进局、经济发展局、商会等部门参与，积极为科技型中小企业服务。通过此沙龙，可以反映各企业的要求、问题和呼声，反映各企业的现状及愿望，并向政府有关部门反映企业的意见和建议，有助于搭建企业与政府交流的平台，发挥政府与企业之间的桥梁纽带作用，有助于加强会员企业之间的协调、沟通，增强各会员企业的交流与合作。

（5）信息服务平台。加大专业网站建设的力度，组建“广州开发区科技企业信息服务平台”网站，为园区内中小科技型企业提供信息与咨询、人才培训与服务、解决方案、投融资、电子商务、物联网、云服务等相关服务。区政府要在网上发布相关政策法规和行业发展动态，为中小企业提供产品供求、技术供求、资金供求、设备租赁等信息，建立和完善中小企业项目库、技术成果转让库、闲置设备调剂库、人才库等各类信息库。通过不断扩展中小企业信息平台的服务功能，增加信息量，提高信息实用性与时效性，在政府各部门、服务机构、企业之间搭建一座信息有效沟通的桥梁，不断降低企业的交易成本。

2. 提高公共交通水平

许多企业普遍反映企业离主干道较远，交通不便，职工居住区与厂区相距较远，上下班出行困难。比如某企业有850余名员工，企业为解决他们上下班出行专门购置了四辆大客车用于接送员工，光一年的费用就几十万元，这无疑给企业带来了沉重的压力。目前，虽然广州开发区园内有公交基础设施建设，但除了公交车外再无其他公共交通工具贯穿整个园区，给用工、留人及员工出行都带来了极大的不便。在公交方面，要优化公交线网布局、新辟或调整公交线路，增加班次、延长服务时间，提高广州开发区内公共交通服务能力。为此提供几点建议：一是新增公交线路，二是延长原有公交线路的站点。建议在园区内设立园区公交总站，公交路线分园区内和园区外。园区内公交作环形、穿插纵横线路，尽量覆盖到园区重点企业。园区公交线路分别与汽车站、火车站、地铁等重要交通枢纽相连，使园区在园内公交总站换乘公交可直达主要交通站点。在公共自行车方面，应该继续扩容广州开发区自行车租赁点，简化自行车租赁手续，合理规划公共自行车租赁点的布局。根据广州开发区的人口、就业岗位、公交覆盖率等因素，将自行车公共服务设施布局于人流集中的重要的企事业单位、大型超市、银行、医院、菜市场、文体设施等，解决居民短距离出行问题。

3. 建设教育信息化公共服务平台

在教育服务平台方面，目前广州开发区尚未建立教育信息化公共服务平台，只有一个相关网站，即“萝岗教育信息网”，该网站是常规的政府门户网站，主要涉及政务公开、教育动态、组织人事、教师招聘等内容，上面虽然也有相关教学研究、教师培训、教育信息化、学科信息等内容，但主要是通知、政策一类的公文，服务性、互动性的的内容严重缺乏。《国家中长期教育改革和发展规划纲要（2010—2020 年）》中明确提出要加强优质教育，以促进教育公平和提高教学质量为重点的内涵式发展为目标。要促进教育公平，共享优质教育资源，消除数字鸿沟，首先必须实现教育信息化。建议区政府建立一个面向区教育行政部门、各中小学、教育科研机构、社会的教育信息化公共服务平台，以教育管理人员、教师、学生、家长和其他社会公众为服务对象，提供基础教育、职业教育、社会教育和师资培训等多种服务。平台上可以设置学校频道、教师频道、学生频道、家长学堂、资源中心、招考中心等，以服务学生、家长为主，提供其他资讯为辅。平台要突出与公众及时互动、回应的特点，比如设置专家答疑栏目，及时答复有关区公办中小学收费项目和标准、学校资源分布情况；借鉴中山市的做法，免费为区中小学校开发功能强大的综合信息管理平台，提供“校校通”“班班通”“家校通”“家长短信箱”等个性化的服务业务。通过这个平台，教师可以向本班的家长和学生群发短信（教师手机群发学信），家长可免费订阅教育手机报，平台定期向家长提供家庭教育、亲子、素质培养等方面的内容；免费提供中小学相关教学资源下载，建立教师课件共享机制，实现优质资源互联互通与优化整合，消除信息孤岛。

4. *妥善解决外来务工人员基本需求的后顾之忧*

（1）满足广州开发区青年的生存型公共服务设施的需要。广州开发区以劳动密集型工业项目为主，产业人口年轻化、单一化，未婚年轻人占多数。目前广州开发区外来务工人员主要居住方式有三种：一是住在企业建设的集体宿舍或职工公寓，二是住在广州开发区建设的集体公寓，三是住在广州开发区周边的出租房、农民房等。另外有少量外来务工人员自购房屋或居住在亲友家中。这些人在未来的几年里面临着成家问题，对住房需求日益强烈。要尽快建立为外来务工人员提供经济租用房、廉租房、经济适用房的住房保障体系，解决外来务工人员住房问题，为增强外来务工人员归属感，真正融入广州开发区创造条件；要建立多层次的住房供应结构，多渠道加大产业配套住房的供应量。根据广州开发区产业发展和外来务工人员众多的特点，通过企业建设为主、政府建设为辅、房地产市场开发建设、廉租房建设等多种渠道解决产业人口的住房问题，形成多层次的住房供应体系。并结合广州开发区自身条件，探索研究外来务工人员享受政策性住房的可行性，进一步完善政策性住房相关规定。建议将连续稳定工作一定年限，有一定专业技能和有稳定收入的外来务工人员纳入政府公租房配租范围。

（2）解决农民工医疗卫生的公共服务问题。目前园区内有广州开发区医院、广州经济技术开发区红十字会医院、广州市黄埔区九佛医院、广州市黄埔区康宁医院四家公立医院及若干私立医院。总体来说，这些医院的服务对象主要是园区内企业的总裁、总经理、公司白领和公务员，收费高的同时服务质量又达不到要求。普通农民工若是去这些医院看病、买药、住院，费用负担较重，无法享受到优质的医疗服务。因此，区政府要进一步深化医疗卫生事业管理体制改革，通过建立地方性法规等形式加大对广州开发区农民工医疗卫生经费投入，确保政府每年用于农民工医疗卫生的经费持续稳定增长。筹建“广州开发区民工医院”，有效解决农民工看病难、看病贵的问题，全力提升农民工的归属感和幸福感。在今后，希望引进中医院、职业体检医院和规模较大的三甲医院，并逐步完善社区卫生站服务体系，增加专家数量，提高就诊效率。鉴于园区内化工、电子、生物等企业密集，工人因接触粉尘、放射性物质或者其他有毒、有害物质等因素而引发疾病的情况时有发生，建议筹建“广州开发区职业病体检中心”，为农民工提供专业的职业病鉴定、防护、治疗、康复服务。

（3）高度重视外来务工人员子女教育问题。外来务工人员子女入学、教育问题多，如 2011 年义务教育阶段在区公办学校就读的外来务工人员子女，仅占公办学校在校学生的 25%，大部分外来务工人员子女都不能顺利进入本区的公办学校就读，而只能选择民办学校。但民办学校有两个问题使他们有所顾虑：一是学费太高，每人每学期的学费高达 3 000 元以上；二是师资不强，可能影响孩子今后的发展。外来务工人员子女教育难的问题必将对企业留住优秀人才产生不利影响，从而影响企业发展，同时也有悖于国家提出的基本公共服务均等化思想。区政府要高度重视外来务工人员子女的义务教育问题，要切实减轻外来务工人员子女入学的经济压力，取消“择校费”“捐资助学”等费用，使他们真正享受到与本地孩子同等的优质教育资源，逐步实现符合条件的非户籍常住人口子女接受义务教育与当地户籍学生享有同等待遇。针对外来务工人员子女入学难的问题，区政府可借鉴港澳地区成功经验和东莞市、中山市的做法，探索“积分制”管理模式，并按照积分高低每年择优录取一批外来务工人员子女就读公办学校。

（4）高度重视失地农民就业问题。广州开发区未能对失地农民的就业、安置等问题进行周全考虑，给予失地农民一次性补偿不能解决他们的持续性、稳定性发展问题；一些失地农民目光短浅，拿到巨额土地补偿费和安置补偿费后，可能受现代都市生活的影响，短期内把补偿款挥霍一空。区政府要对失地农民的就业、安置等问题进行更周全的考虑，要通过实施一系列重大项目带动就业工程，积极进行产业结构调整，加快民营经济发展，多渠道开发就业岗位；探索打破城乡就业二元化格局新思路，建立健全统筹城乡的就业服务制度，消除劳动者流动的体制障碍。建立完善城乡统筹的职业技能培训制度，实行城乡劳动者统一的就业登记和资格准入制度，消除对农村和外来务工人员的歧视；要高度重视区内失地农民的就业问题，要加大对失地农民的人力资本投资，增加农村人力资本的存量。建议政府、征地单位、征地企业建立专项基金，承担绝大部分的人力资本培训经费，提升失地农民的劳动力综合素质；进一步健全广州开发区农民社会保障体系，不断拓宽基本养老保险、医疗保险、失业保险、工伤保险等保障体系的覆盖面，适当提高农村低保补助标准，建立和完善流动人口基本养老保险转移接续制度，完善新型农村最低生活保障和社会养老保险相关配套政策。

八、新型城市化与国际化社区

开发区是国际性资本、技术和人才的汇聚之地，是营造国际化社区的理想土壤。融入本土社会、汇聚五洲精英、演绎和谐生活的国际化社区，是开发区经济社会发展的窗口和缩影。

（一）开发区的新型城市化

1. 智慧城市

开发区城市化进程不同于一般城市，因其承载了大量聚集的工业企业以及大量为制造业服务的第三产业，需要合理布局生活区与就业单元。开发区的特殊性要求在城市化的进程中应格外关注城市科技创新体系的构建，能够充分运用信息和通信技术手段感测、分析、整合城市运行核心系统的各项关键信息，从而对包括民生、环境、公共卫生、城市服务、工商业活动在内的各种需求做出智能的响应。核心构想主要包括：①利用传感网，实现城市感知化。将感应装置装配到城市运行关键设施上，感应装置将采集的数据传输到市政管理终端，实现对城市生产生活状态的跟踪与监控。②利用互联网，实现城市信息化。将感应装置采集的信息连接到移动通信网、国际互联网、企业内部网、各类专网和小型局域网，整合成城市核心系统的运行全图。③基于物联网，实现城市智能化。通过云计算、网格计算、服务化和智能化技术，实时分析、整合所采集的城市运行的所有信息，形成诸如智慧物流、智能交通、智能电网等专业网，使企业能够更有效地掌握所处的商业环境。

2. 绿色城市

城市的绿色发展不能简单等同于城市环境的改善或城市面貌的美化与绿化，绿色发展应当体现在生产与生活的各个方面：引进具有更广阔市场前景的绿色新兴产业；建设绿色建筑，大力扶持节能建筑与智能建筑的建设，充分利用环保节能技术和信息化技术构建具有岭南特点的节能建筑风格，形成广州开发区的标志性特色；绿色交通，加快建设快速公交系统和轨道交通体系，以解决城市的拥堵和减少车辆尾气的排放；绿色消费，提倡节俭、理性的低碳生活方式，使节能、节水、资源回收利用逐步成为市民的自觉行动；鼓励企业生产绿色产品以及产品的绿色改造，倡导居民使用更节能环保的家用电器，更多地消费绿色生态食品。

（二）开发区国际化社区建设

国际化社区是指以一定地域为基础，社区中外籍人员的数量达到一定程度，社区相应的组织制度、服务体系、环境设施趋向国际标准，包容各类文化和生活方式，不同国家、种族、民族背景的人能够和谐共处的城市社区。调研发现，广州开发区外籍人员居住在企业为其长期租下的宾馆或高档住宅区中，远离广州开发区，导致外籍人员缺乏归属感。建设具有吸引力的国际化社区，为外籍员工提供舒适、便利、愉悦的生活设施和生活服务，是广州开发区政府应当高度关注的工作。在广州开发区承接国际产业转移的进程中，有大批的国际性智力精英人才随之而来，呈现出“研发环节与先进制造业同步转移”的新特点。能否在融资的同时，实现“融智”，关键在于能否提供国际化的生活服务，满足国际智力精英及其家属的高品位生活需求。一个成熟的国际化社区的基本特征表现为：规划设计的国际性，功能的集聚性，时空的开放性，配套设施的超前性，公共和服务系统管理的先进性及人性化、多元化的宽容性。诚然，国际化社区建设没有统一的模式，每个社区都有自己的基础，社区资源也各不相同，但是它们之间也存在着一些共性。下面将从基础建设、配套设施以及管理服务三个方面来构想广州开发区国际化社区的建设。

1. 国际化社区的基础建设

（1）国际化社区的建设规划。据规划，广州开发区中的知识城将聚集500家以上的创新型企业，科学城聚集2 000家创新型企业，生物岛引进200家以上的生物产业研发机构，一个国际化的知识区域呼之欲出。那么，与之匹配的国际化居住社区的建设规划也要保持高端化和前瞻性的特点：应打破“自成一统”的社区格局，将自身融入广州开发区的大环境中，采用国际流行的开放式街区规划理念，通过大面积的休闲广场、开放式的城市配套突破社区与周边城区间的隔离；通过道路及景观带等手段，让社区融入周边城区，并与之形成一个有机的整体，在保证社区价值可持续增长的同时，完成对城市功能的提升。同时，国际化社区要求用发达的路网将社区与主城区紧密相连，引入智能化的交通管理系统，使通往主要车站、机场、港口的道路畅通便捷；实现城市公共交通系统完全覆盖，如公交线路、地铁、城际轨道交通都将社区与外部城区甚至珠三角其他城市连接起来。鉴于国际化社区的高标准配套工程、设施和统一规划的要求，按照先地下、后地上的规律，相关的如地下管网、公交站点、停车场所等配套工程、设施应由政府统一采购和建设；基础公共设施的建设应体现生态环保意识、资源节约和集约利用原则、和谐与持续发展的追求；各种建材从设计到施工均应尽可能采用低污染、低能耗的产品；施工工艺、施工组织须做到科学、合理、高效；建设质量则必须经得起来自国内外高标准和挑剔眼光的检验。可以尝试在城市关键公共设施，如水、电、煤气管网的关键节点设置传感器，实时监测城市运行状态，真正形成智能社区。

（2）国际化社区的建筑设计与开发。吸引外籍人员长期居留的关键在于社区建筑设计以及社区的宜居性。一方面，广州开发区政府作为规划者应将国际化社区的建筑和居住环境设计定位为国际化、多样化、个性化、高端化；另一方面，引入具备国际声誉的地产开发及建筑设计企业，借助它们具体的设计与开发经验，实现规划目标。要注意国际化与本土化的融合。国际化社区在居住环境的设计上首先应关注外籍人员的需求与感受，充分体现各国的住宅特色，形成多种多样的建筑样式与风格，并将这一理念延伸至住宅小区的整体设计中。事实上，建筑风格具有一定的本地特色也同样可以吸引外籍人员，可以在小区及住宅的细节处融入广州本地的岭南特色，或是建设具有岭南风情的中式园林住宅小区。此外，高端化与个性化更符合国外高级人才的偏好：以高标准、大手笔投入，全力营造多层次立体景观住宅社区，如绿色空间、情景洋房、叠式组合、SPA 露台等，使各种生活空间丰富多彩。并且，广州开发区也可以将绿色智能建筑样板房提供给外籍人员居住，一方面宣传了开发区绿色环保的理念；另一方面给予外籍人员全新的居住体验，提升国际化社区的宜居性。应在小区内部甚至住宅内部引入绿色空间设计，从建筑物的用材、采光、空调以及景观设计等各方面体现最先进的节能环保绿色理念和绿色技术。

（3）国际化社区的景观建设。景观设计不仅应体现在居住小区的内部，整个社区范围内的景观规划与协调也同样重要。社区内景观设计以生态化、人文化为指导原则，要使园林、绿化更亲近于人，使景观与住宅自然衔接。可以建设社区水系，将各小区以水相连，外部联通湿地公园，甚至可以恢复岭南桑基鱼塘的耕作模式，既是视觉景观，也是文化宣传。为此，广州开发区要建设大面积的林地、绿化，逐步实现湿地再造，不断改善水环境建设，以此作为提升社区生物多样性的基础，引进更为丰富的水生动植物品种。生活在这样的社区内，使人既能身在都市，又能身在田园，享受自然，回归自然。另外，在提高社区生态品质的同时，还要在小区建设“绿、静、美、安”的环境；做好小区内的自然设计，让小区内的花草树木“小自然”与小区外的林地绿化“大自然”遥相呼应，融为一体。还应加强软环境建设，建设具有中国以及岭南特色的园林生态与自然生态环境，让来自世界各地的外籍人员充分领略中国文化的魅力，以增强其对社区的认同感、归属感；重点建立若干标志性的、具有国际风情的休闲交流场所，做到物美、文美、景美，使外籍人员身在广州开发区，却能享受到纽约文化、巴黎文化、伦敦文化、东京文化等，更能通过面对面的交流，使其产生新的创意和新的理念。

2. 国际化社区的配套服务与设施建设

成熟完善的国际化社区要能够为住户提供高品质的工作与生活服务。国际化社区的配套服务与设施可分为商业服务与设施、教育服务与设施、医疗服务与设施、文化娱乐服务与设施四个方面。

（1）国际化社区的商业服务与设施。广州开发区可以借鉴世界多个著名国际生活社区打造专属特区的成功经验，如美国的棕榈滩、加州橘郡以及纽约比弗利山庄等，提出“生活所需，咫尺享受”的整体规划设计原则，吸引诸如家乐福、百安居、万豪、豪生酒店管理集团等国际知名的商业、服务业企业进入社区中，在社区内建设5A级写字楼、五星级酒店以及大型商业综合体，同时也可以建设具有国际风情与特色的商业步行街，吸引国际品牌合作经营，这样可以保证外籍人员享受到高标准、高品质的生活消费体验。优雅的环境、便捷的交通、完善的商业配套、优质的物业管理服务及浓郁的人文气息，吸引着大批国内外精英入住。国际化社区的物业管理与服务，除了常规的秩序维护、保洁绿化、中层管理人员和前台接待人员需有一定的外语会话能力外，还应提供叫早、送餐、家政、清扫、小孩接送等个性化服务，创造国际化商务场所和社区文化的氛围。

（2）国际化社区的教育服务与设施。具有国际化教育理念的幼儿园、小学、中学等基础教育机构是吸引外籍人才的重要因素，应在国际化社区内建立起从幼儿园到中学的完整教育体系，并选用国外优秀教材，引进国际一流教学设备，聘用经验丰富的优秀教师，从幼儿园起采用全英文或是双语授课模式，使社区的教育标准与国际接轨甚至达到优秀水平。当然，也可以在国际化社区建设过程中引进具有国际声誉的教育机构，利用它们丰富的教育教学经验弥补教育公共服务的不足。此外，还应建立旨在培育国际标准的高端技能型人才的职业学院或学校，采用发达国家技术工人的培养模式分层次培育人才。重点建立几所国际性中学、小学与幼儿园，采用多语种教学，使其适合国际智力精英的子女就读，这样既能解除智力精英的后顾之忧，又能培养其后代的“广州情结”。

（3）国际化社区的医疗服务与设施。调研发现，广州开发区中的外籍人员非常注重医疗条件是否优越，因为这关乎其本人与家人的健康。因此，建设具有先进医疗技术的社区医院或者中心医院是非常必要的。在社区内建立大型中心医院与小型社区医疗站相辅相成的医疗保障体系，采用数字技术将社区内每一个人的健康信息记录在案，及时准确地给出保健与治疗建议。中心医院要求有国际一流的医疗设备、一流的治疗与护理人员、一流的急救工具，甚至可以高薪聘请国外高水平的医疗从业者，与世界一流的医疗机构建立合作关系，开通互联网诊疗平台，从诊断到治疗都给予患者最权威的方案；设立专项基金用于国际化社区内住户的医疗补贴开支。小型社区医疗站主要负责处理简单的伤病医治、建立个人医疗档案、卫生宣传、传染病检测与防控，使贴心的医疗服务渗透到社区每一个角落。

（4）国际化社区的文化娱乐服务与设施。广州开发区应该在社区内部设置完善的休闲、健身、娱乐等设施，如体育场、游泳池、健身房、公园、高尔夫球练习场、图书馆等。这些设施应该具有先进的、人性化的设计理念，还应充分尊重各国居民的文化与宗教习惯，设置教堂、清真寺等国际标准的宗教礼拜场所；营造咖啡馆、酒吧等符合西方民众文化习惯的公众交流场所；建设一定数量的文化演艺舞台或剧场、小型专题博物馆、美术馆、民族文化和国际文化交流与发展展示场所，旨在促进多元文化融合。以社区内各类自治组织为主体，积极引导和组织各类文化交流活动，每周末举办饶有趣味的主题活动，如游泳比赛、各类才艺大赛等。此类活动一方面能丰富住户的周末生活；另一方面也能让住户之间进一步地加深了解，培育浓厚的多元文化底蕴，形成浓郁的多元文化氛围。在公共交流平台建设上，建成多语网站论坛，以方便社区内各国居民间的沟通交流，并同时促进住户与社区管理者的互动。

3. 国际化社区管理服务建设

广州开发区可以借鉴国际化社区管理的先进理念，争取政策支持，通过重新调整组合，组建高度自治的国际化社区自治组织，建立适应国际化社区需要的新的社区组织体系；利用自治组织以及非政府、非营利组织，完成社区服务网络建设，全面引入国际标准，在社会公共管理方法、社区卫生和社区安全维护方面达到国际标准。

（1）国际化社区的管理服务模式创新。国际化社区的行政管理以符合国际惯例、宏观指导、整体协调和总体建设为主要原则，强化社区功能，从被动管理转变为主动服务，尽可能把具体事物按有偿或无偿的方式转交给社区服务中心、群众自治组织和其他非营利、非政府组织，形成新四级管理模式。

（2）国际化社区对外籍人员的管理服务。配备涉外工作人员，并要求具备多语种交流能力，采用“境外人员信息社会化采集系统”，方便外籍人员入住登记工作，可就近完成临时住宿登记申报及检测工作；设立针对外籍居民的社区专管员，建立由社区组织、社区民警、社区专管员、楼门组长构成的外籍居民服务管理体系，及时了解居民需求和动态；在外籍人员集中的社区，在社区服务站、商务楼宇服务站设立涉外服务窗口，对公共场所导视图、引导牌等进行双语标识；开辟网上社区双语（多语）服务和居民论坛，实现社区网上办公。

（3）国际化社区的自治管理服务。鼓励外籍居民参与社区志愿服务和社区管理；培育社工事务所，发挥专业社会工作者的作用，成立以专业社工为核心的各种志愿者组织，由社工策划志愿服务方案，指导、监督志愿者开展多种志愿服务，形成“社工引领志愿者，志愿者服务群众，群众参加志愿者”的良性循环，覆盖基层社区的志愿者服务网络，建立起常态化、规范化的志愿服务机制；突出“以人为本”的思想，充分考虑到住户对生活便捷、舒适的要求，为社区住户提供家庭运动计划、终身学习计划、安全居住计划等个性化文化服务；重点建设跨国公司总部及其分支机构的独立生活社区，进行半封闭式和国际化的社区管理，在生活区内或周边地区建设健身中心、国际医疗诊所、银行、邮政、超市、餐饮、娱乐和高档酒店、国际公寓等配套设施，满足外籍人员工作与生活的各种需要。

九、开发区文化与企业家精神

在人类文明发展史上，那些能形成强大吸引力的城市，往往具有独特的精神气质，例如纽约的“梦想和创造”、伦敦的“不屈不挠”、东京的“干练，优雅，合作”等。正是延绵不衰的城市精神，使其跻身于世界大都市行列。

广州开发区成立初期，从业者激情与梦想的点燃，释放了巨大的生产力效应。当前，广州开发区应形成制度与梦想的契合，再次实现广州开发区的跨越式发展。其中，企业家精神至关重要。

经济发展方式的转变，实际上是一种创造性破坏，是一种扬弃，是寻找与构建报酬递增机制的必然结果。这种创造性破坏的报酬递增，是靠企业家精神才能完成的。发达国家的历史告诉我们，大国的崛起，就是企业的崛起；企业是经济社会进步的力量。而每一个企业的做强做大，企业家至关重要。创新是企业家的灵魂，早在20世纪初，著名经济学家熊彼特就告诉我们，企业家的创新精神、创造性破坏的周期性出现，是经济发展的常态和持续动力。改革开放以来，企业家精神的培育与释放，是广东30年经济社会快速发展的微观基础。在当前新的历史起点上，需要新一轮的先行先试，在更高层次上引导、培育企业家精神，夯实广州开发区经济由大到强的微观基础。

十、重视海外形象推广，树立国际化的区域品牌

广州开发区在国内外具有一定的知名度，具有一定的形象认知，但还要进一步提升区域品牌的高品质特征。广州开发区应通过无形资产，聚集全球资源；通过高品质的区域品牌，汇集全球高品质资源；通过区域品牌提升区域价值，是一项系统工程。[①] 区域价值链可以划分为四个环节：价值创造的主体、空间、通道、载体。区域价值创造主体中的政府、企业、其他社会组织和个人，区域价值创造空间中的自然生态环境、政务环境、法制环境、市场环境和人文环境，区域价值创造通道中的科学规划、建设和管理，区域价值创造载体中的土地、技术、资本、能源，共同构成了区域价值链。[②] 任何一个环节的变化，都可能导致区域价值的增值或贬值。

（一）树立国际化区域品牌意识

（1）政府是区域品牌化的领导者。开发区各级领导对区域品牌的重视和强有力的领导与协调是区域品牌化成功的关键。各部门和机构在区域品

① 2004年*Place Branding*的创刊为区域品牌化的理论研究和实践应用搭建了交流的平台，该杂志创刊的目的是促进区域品牌化领域的研究和探讨。

② 陈永品．绿色增长：中国开发区的新使命［M］．广州：广东人民出版社，2012：28.

牌化过程中必须目标一致，并进行合作。

（2）利益相关者支持是区域品牌化成功的保证。开发区的企业、社区、居民、产业工人、社会活动者、社团、媒体等都是利益相关主体。区域品牌化要求众多利益相关主体的行动传达一致的信息，以支持区域的目标和愿景，履行区域品牌的承诺。协调和管理利益相关主体是区域品牌化管理者面临的重要挑战。

（3）区域品牌形象一定要趋于国际化。在硬体形象功用性表达和软体形象视觉传达上，融入国际化元素或强化品牌形象的国际语言。善用国际通行文字、符号、造型及色彩以产生强烈的视觉形象力和号召力，通过"国际语言"诠释开发区品牌形象的理念。

（二）通过"走出去，请进来"，进行海外形象推广

可以到境外举办系列活动，如在国际性大都市举办开发区经济与社会变迁宣传活动等。精心制作宣传片，宣传片题名可为"见证奇迹：从中国的百万分之一开始"，要有多语种版本：普通话、粤语、英语、法语、日语、德语、西班牙语、俄语、部分小语种，重点介绍产业故事及全球化的产业链接，争取在纽约时代广场等具有国际影响力的地方播放。通过与各国驻广州领事馆联系与合作，在广州开发区的固定场所定期举办各个国家的系列活动，如介绍其风情文化、其国家开发区的历史及与广州开发区的联系。举办全球开发区发展系列活动，通过贸易促进会等部门，成立全球开发区联盟；举办类似博鳌论坛的全球开发区发展论坛，可将其命名为"香雪论坛"，举办全球开发区年会。充分利用与兰德公司的合作关系，成立全球开发区研究院（或称开发区与全球发展研究院）。

（三）采用国际化的规划设计理念

科学设计地区品牌形象的衡量指标体系，对广州开发区进行监测与评估，根据发展动态，及时发现问题，保持提升区域品牌价值的持续性。采用国际化的规划设计理念，超前思考，留有余地。敢于大投入，"富规划，穷开发"。对具有标志性意义的建筑物的设计和特定区域、特定领域的发展规划，坚持"海纳百川，追求卓越"的理念，要在全球进行规划设计招标，力求搞好城市形态发展规划。

第八章　开发区应再次成为经济发展新动力[①]

一、开发区是全球化与我国国家战略互动的引领者与实践者

纵观世界历史，全球化与一个国家发展的互动，决定了一个国家的发展趋势与未来前景。通过全球化与国家发展良性互动，实现复兴伟业，是中国需要夯实的微观基础。开发区就是这样的微观基础之一。实践表明，开发区（港区、园区、新区）的出现往往是国家与全球化进程互动的政策产物。

回顾改革开放的历程，开发区是全球化与我国国家战略互动的引领者与实践者。全球化背景下，一个国家经济发展，由小到大，由大变强，一般经历三个阶段：切入全球价值链—构建国家价值链—引领全球价值链。

1978 年至 1990 年，我国试点开放。1979 年的经济特区、1984 年 14 个沿海城市以经济开发区为主要形式的开放，都是与全球经济体系链接的尝试。开发区成为中国经济开放与世界经济融合的转换器。

1991 年至 2010 年，我国全面切入全球价值链，工业化进程加速。1991 年开发区“三为主、一致力”（以工业为主，以吸收外资为主，以拓展出口为主；致力于发展高新技术产业）的发展定位与实践，引领这一进程。2001 年，中国加入 WTO，全面融入世界经济体系。2004 年开发区“三为主、二致力、一促进”（以提高吸引外资质量为主，以发展现代制造业为主，以优化出口结构为主；致力于发展高新技术产业，致力于发展高附加值服务业；促进国家经济技术开发区向多功能综合性产业区发展）的发展定位与实践，再次引领这一进程。

---

① 本章是在广州开发区课题调研基础上撰写的针对全国开发区发展的报告。

1984 年以来，开发区引领承接国际产业转移，形成了从沿海地区开始，并不断向内地延伸的加工区和产业集群区，中国成为世界制造中心。由开发区引领的全面切入全球价值链的阶段性任务已经完成。

2011 年至 2030 年，我国需要构建国家价值链；2031 年至 2050 年，我国要力争引领全球价值链。开发区要再次成为经济发展新动力，探索培育国家价值链、引领全球价值链的可持续发展路径。

1978—1990年	1991—2010年	2011—2030年	2031—2050年
试点开放	切入全球价值链	构建国家值值链	引领全球值值链

全球化背景下我国经济发展阶段图

二、开发区产业发展需要寻求新突破

（1）1984 年以来，开发区超常规的经济快速发展可总结为全球化带动工业化。工业是开发区经济快速发展的主要动力。但目前工业增加值增速低于工业总产值增速，工业增加值率呈下降趋势，呈现出显著的产值驱动而非增加值驱动的特征。

多数开发区以劳动密集型加工组装企业为主，属于全球代工体系的组成部分；部分企业只是全球价值链的一个节点。工业支柱产业以最终产品制造业为主，中间产品或资本工业品生产有待提升。

（2）外资企业为开发区经济增长做出了突出贡献，不仅在工业总产值中居于主导地位，更在工业增加值中居于主导地位。外资企业的增长贡献中，中国大陆市场的份额越来越重要。外资企业的产业链分布，已经由“两头在外”演进为“进口机器和元器件，生产产品，重在中国大陆市场销售”。这表明，外资企业基于利润最大化目的，逐步在中国大陆构建区域价值链，但上游核心环节依然在外。国内市场导向型的外资企业不可能担负起国家价值链培育的重任。

（3）自动化生产设备全部或绝大部分进口。目前我国生产中间产品的企业，核心元器件主要依赖进口。自动化、标准化、精密化、智能化的生产设备，如何摆脱依赖进口的困境，这是开发区乃至中国面临的一个关键问题。

(4) 科技型工业企业的自主创新与产业链联系，代表着开发区企业转型升级与集群式发展的方向。内资企业发展，应是未来开发区的经济增长点之一。

综上可知，开发区企业全面切入全球价值链，具有一定的低端锁定特征；部分企业呈现出一定的区域价值链特征；自动化生产设备的进口依赖，制约未来企业转型升级；国内市场导向型最终产品生产企业具有产值贡献，但难以支撑转型升级。这是开发区经济增长“产值驱动，增加值率低”的微观基础。

三、开发区产业转型升级的战略选择

（一）开发区产业要引领中国“用机器生产机器”

近现代世界经济发展的主题是工业化以及由工业化带来的城市化，这一进程将持续下去。由开发区引领的中国工业化是一个意义极其巨大的世界历史事件，引领全球工业化版图发生巨大变化。工业是中国成为世界有影响力大国的最重要的经济基础。

开发区要引领工业强国战略，在提升全球价值链地位的同时，要培育国家价值链。制造业的核心竞争力，不是用人力（劳动密集型）构筑产业链的“血肉之躯”，而是用自动化、标准化、精密化、智能化的机器构筑产业链的“钢铁长城”。中国制造业模式是，引进机器生产产品进而出口产品，而“用机器生产机器”的环节在境外。未来，中国不仅要维持“用机器生产产品”的世界地位，更要谋求“用机器生产机器”，实现以机器大规模出口来替代产品大规模出口。

（二）开发区产业发展需要四大战略选择

(1) 技术+制造。用资本替代劳动，用机器替代工人，已是一种趋势。第三次工业革命的实质是制造业的数字化革命。开发区要重点攻关自动化、精密化、智能化、标准化生产机器的技术。

（2）金融 + 制造。金融全球化与商品金融化趋势，使传统“加工制造”产业模式向“金融 + 制造”产业模式转变。开发区需要形成一个资本化支撑体系。

（3）生态 + 制造。开发区既要补好工业文明的课，又要走好生态文明的路。如何把经济快速增长与消除经济活动的不良生态影响结合起来，需要寻求突破。制造业生态化是其必然选择。

（4）服务 + 制造。工业设计与生态设计、营销、品牌是开发区生产性服务的核心内容。开发区需要通过高品质的生产性服务，实现“产业聚人，服务留人”，进而谋求全球化“融智”。

四、推动开发区再次成为经济发展新动力的政策建议

（1）开发区新兴产业发展，要突破基于劳动力成本低等比较优势的发展理念，从动态竞争力的角度，选择高起点、跨越式的发展理念，重在形成长期技术优势与产品标准话语权，需要新的商业模式、融资模式、财政支持模式。

（2）开发区要培育丰富的企业组织形态。按照培育国家价值链的要求，集群式引进外资企业及其产业链相关企业。经营性国企要为开发区经济发展提供先行资本，争取企业“走出去”；政策性国企重在为经济发展提供先行服务；民企则要做到产业链共生。

（3）提升现代金融服务，形成多元化的投融资体系——融资多元化、主体多元化、工具多元化，实现政府投资与民间投资、外商投资与国内投资良性互动，形成外企、国企和民企共同发展的局面。

（4）开发区要形成全球化“融智”机制与多层次智力支持体系，形成全球营运知识社区氛围，建立国际性智力精英的人力资源贮备库。

（5）健全科技服务体系，坚持科技中介服务机构的公司化、市场化、产业化运作，大力发展科技咨询业，重点建设科技金融服务体系。

（6）促进产业生态发展，打造生态化产业集群；绘制开发区低碳发展的技术路线图；发展生态产业，实现生物固碳。

（7）建立全方位、多层次、广覆盖的公共服务体系，促使事业单位和

民间资本成为公共服务供给主体，探索多元化筹资机制。

（8）建设国际化社区。根据国际产业“研发环节与先进制造业同步转移”的新特点，在融资的同时实现“融智”，关键在于提供国际化的生活服务，满足国际智力精英的高品位生活需求。

（9）重塑开发区文化与企业家精神。企业家精神的培育与释放，是开发区快速发展的微观基础；需要在更高层次上引导、培育企业家精神，夯实开发区经济由大变强的微观基础。

（10）重视开发区海外形象推广，树立国际化的区域品牌，汇集全球高品质资源。通过“走出去，请进来”，进行海外形象推广，科学评估地区品牌的动态特征，采用国际化的规划设计理念。

五、再创大项目驱动增长的服务支撑体系

经过多年的快速发展，广州开发区积累了大量的物质财富，形成了相对完整的生产体系，经济增长处于相对稳定的状态。这种模式，具有一定的增长惯性，可以有效化解经济系统内外部的意外冲击。但广州开发区的增长，需要寻求再突破，再创增长新优势。

大项目通过关联效应驱动增长，是广州开发区过去发展的经验，也是未来发展寻求突破的着力点。与以往不同的是，争取大项目进入的区域竞争日趋激烈，拼优惠的传统方式已经难以为继，拼服务是争取大项目进入的核心所在。拼服务，不能拼传统服务，需要在高层次服务领域提升品质。总之，广州开发区需要再创大项目驱动增长的服务支撑体系。

大项目配套资金的金融放大效应。广州开发区政府财政资金以项目配套或企业补助的形式支持企业生产经营，具有直接性、见效快等优点，但财政资金应该发挥“四两拨千斤”的效应，借助金融手段放大资金使用效应；可以成立企业发展储备基金，链接金融信贷机构，发挥财政资金的种子作用，以担保、抵押、债权或股权形式帮助企业融资，通过1：5或者1：10的放大效应，缓解大项目“大投入”的资金压力。这需要梳理当前广州开发区支持企业发展的财政资金规模、结构与方式，评估各种方式的效率，做到“有保有缩”，把财政资金重新组合配置。

大项目配套服务的金融品牌效应。大项目主要注重产品链服务和货币

链服务以及二者的良性互动。基于产业链的技术性配套，广州开发区已经有了较好的基础，但货币链服务是开发区引进大项目配套服务的短板之一。目前，广州开发区金融生态相对脆弱，基础性的金融设施有待进一步丰富与完善。应充分利用广州金融创新服务区的地位和优势，基于广州开发区的生产体系，构建生产性金融结算中心与管理平台，构建非上市公司股权交易中心。

打造“新兴产业全产业链元器件基地”品牌。广州开发区日常消费品最终产品工业相对发达，但由中间产品（或资本品）整体组装的产品相对较少，产业链各个环节的产品生产、加工、组装体系相对发达。基于此，广州开发区可以打造“新兴产业全产业链元器件基地”品牌，这一品牌需要在全球范围内进行宣传。

以标志性商业地产引领生产性服务与生活性服务。大项目进入，需要高品质的生产性服务与生活性服务，这需要有一个标志性的建筑物。建议规划建设一座标志性的商业地产，邀请国际顶尖设计师设计，把设计过程本身作为宣传的渠道，设计理念及方案能够体现公司身份并具有示范效应，成立具有国际品质的物业公司或邀请国际物业公司来管理，打造服务品质，吸引跨国公司的生产性总部进驻。在此基础上，规划设立具有国际品质的生活社区。

重建国际化、高素质的招商选资人才队伍，需要从长远利益看大项目的增长效应。大项目必须符合并代表着产业发展的新趋势、新方向。这不同于传统招商思维模式，需要组建具有国际视野的招商选资人才队伍：一是要熟悉国际新兴产业的发展趋势，了解国际新兴产业领军人物的战略思维和经营理念，洞察新兴产业商业模式变迁；二是要熟练掌握外语与现代电子商务交流方式，能够无障碍地进行国际化交流，同时熟悉国际商务规则和商务文化；三是招商选资队伍的组成，不一定局限于广州开发区工作人员，可以采用多种灵活形式全球聘用人才；四是要加大对招商选资队伍的激励力度；五是可以考虑面向海内外招聘一个团队或若干团队的组织者，这本身也是广州开发区国际化宣传的一个途径。

为大项目做好关于行业发展趋势与竞争态势等方面的研究咨询服务。大项目的全球性布局或在中国大陆的布局以及发展的重大决策，需要相应的决策咨询服务。广州开发区可以组织力量对主导产业与新兴产业进行分行业研究，做好发展态势研判，为企业生产经营提供咨询与决策参考。

附录1 开发区相关政策

附表1 国家给予开发区的优惠政策

主要政策文件名称	主要内容
《沿海部分城市座谈会纪要》（中发〔1984〕13号，1984年5月4日）	定位：逐步兴办经济技术开发区，引进我国急需的先进技术，集中举办中外合资、中外合作、外商独资的科研机构，向内地提供新型材料和关键零部件，传播新工艺、新技术和科学的管理经验；部分开发区需要发展为国际转口贸易的基地。 可比照经济特区的规定放宽利用外资建设项目的审批权限；增加外汇使用额度和外汇贷款；开发区的进出口贸易可自主经营或委托外贸公司代理；可享受国家提供的低息长期贷款，从批准兴办时起五年内新增加的财政收入可免除上缴、上借任务。 税收优惠：经济技术开发区内的外资生产性企业（包括中外合资、中外合作、外商独资三类）按照15%的税率缴纳所得税（中方税后利润仍按规定上缴）；开发区内外资企业进口设备、原材料和自用物品等，免关税和工商统一税，内销产品要补税；开发区进口基建所需设备和物资等，1990年前免关税和工商统一税；经济技术开发区内外资生产性企业，外商所得合法利润汇出时免征汇出税。 未实施的政策设想：发行特区货币，允许外资自由出入特区，由中国人民银行等单位组成的特区货币研究小组研究具体方案，计划在深圳首先实施。

（续上表）

主要政策文件名称	主要内容
《中华人民共和国国务院关于经济特区和沿海十四个港口城市减征、免征企业所得税和工商统一税的暂行规定》（国发〔1984〕161号，1984年11月15日）	开发区的生产性外资企业所得税以15%的税率执行，对于经营期限超过10年的，给予“两免三减半”的优惠；开发区内客商利润汇出免税；开发区所在市人民政府有权对开发区企业应缴地方税收予以减免；客商在中国境内没有设立机构而有来源于开发区收入的，减按10%的税率征收所得税；开发区所属的市人民政府有权给予提供资金、设备的条件优惠，或者给予转让的技术先进的客商更多减征、免征优惠；开发区企业进口自用的建筑材料、生产设备、原材料等，免征工商统一税；开发区企业生产的出口产品免征工商统一税；在开发区企业中工作或者在开发区内居住的客商携带进口自用物品在合理数量内的，免征工商统一税。
《国务院关于鼓励外商投资的规定》（国发〔1986〕95号，1986年10月11日）	经济特区和经济技术开发区的已经按15%的税率缴纳企业所得税的产品出口外资企业，按照国家规定减免企业所得税期满后，凡当年企业出口产品产值达到当年企业产品产值70%以上的，减按10%的税率缴纳企业所得税。
《关于对经济特区、经济技术开发区开发性贷款实行差别利率和贴息的规定》（银发〔1987〕4号）	对经济特区、经济技术开发区土地开发和基础设施贷款实行差别利率。实行差别利率的范围，包括征用土地、平整场地、通路等公用设施的开发性贷款，不包括用于标准厂房建设、商品房建设和项目建设等可以通过经营盈利偿还本息的贷款。全国实行差别利率的开发性贷款总额不得超过20亿元人民币。
《中华人民共和国海关对经济技术开发区进出境货物的管理规定》（海关总署〔1988〕署货字第455号，1988年4月26日）	对不在经济技术开发区内，但与经济技术开发区连接的国际通信设施和国际机场的基础设施所需进口的机器、设备与基建物资，可视同开发区的基础设施，在1990年前免征关税和进口工商统一税。

（续上表）

主要政策文件名称	主要内容
《外商投资开发经营成片土地暂行管理办法》（国务院令〔1990〕第56号，1990年5月19日）	此办法在经济特区、沿海开放城市和沿海经济开放区范围内全面施行。国企可以把国有土地使用权作为投资或合作条件与外商组成开发企业，吸引投资者到开发区投资，受让国有土地使用权，举办企业。国家鼓励举办先进技术企业和产品出口企业。
《国务院关于批准国家高新技术产业开发区和有关政策法规的通知》（国发〔1991〕12号，1991年3月6日）	税收优惠：开发区企业减按15%的税率征收所得，出口产品的产值达到当年总产值70%以上的减按10%的税率征收所得；新办的开发区企业从投产年度起二年内免征所得税；新办的中外合资经营的开发区企业可从开始获利年度起头二年免征所得税；内资办的开发区企业发生的与技术转让有关的所得，年净收入在三十万元以下的可暂免征所得税；属于“火炬”计划范围的高新技术产品减免的税款可专项用于技术开发，不计征所得税；以自筹资金新建技术开发和生产经营用房的内资办开发区企业免征建筑税（或投资方向调节税）。 进出口优惠政策：开发区高新企业为生产出口产品而进口的原材料和零部件免领进口许可证等批准文件；高新企业可在高新区内设立保税仓库、保税工厂，以实际加工出口数量免征进口关税和进口环节产品税、增值税；高新企业生产的出口产品免征出口关税；保税货物转为内销须纳税；高新企业用于高新技术开发而国内不能生产的仪器和设备免征进口关税；高新区内设立技术进出口公司；对出口业务开展较好的高新企业可授予外贸经营权，可在国外设立分支机构。 信贷政策：银行可给高新区安排发行一定额度的长期债券；有关部门可在高新区建立风险投资基金用于风险较大的高新技术产品开发，条件比较成熟的高新区可创办风险投资公司；高新企业用于技术开发和技术产品生产的仪器、设备可实行快速折旧。

（续上表）

主要政策文件名称	主要内容
《中华人民共和国外商投资企业和外国企业所得税法》（主席令〔1991〕第45号，1991年7月1日起施行）	开发区的外商投资企业所得税按照15%的优惠税率征收；经营期限在10年以上的生产性外资企业，实行“两免三减半”优惠政策。
《中华人民共和国外商投资企业和外国企业所得税法实施细则》（国务院令〔1991〕第85号，1991年7月1日起施行）	在沿海经济开发区和经济特区、经济技术开发区所在城市的老市区设立的从事下列项目的生产性外资企业，可以减按15%的税率征收企业所得税：技术密集、知识密集型的项目；外商投资在3 000万美元以上，回收投资时间长的项目；能源、交通、港口建设的项目。
《国务院关于改革和调整进口税收政策的通知》（国发〔1995〕34号，1995年12月26日）	在降低进口关税总体水平的前提下，取消了原有对外资企业、技术改造项目、重大建设项目、特定区域（包括经济特区、经济开发区、高新区、沿海开放城市、边境开放城市等）等进口减免关税和进口环节税的规定。
《国务院关于调整进口设备税收政策的通知》（国发〔1997〕37号，1997年12月29日）	有条件地恢复进口关税和进口环节税减免政策，自1998年1月1日起对国家鼓励发展的国内投资项目和外商投资项目进口设备，在规定的范围内免征关税和进口环节增值税。
《关于加速国家高新技术产业开发区发展的若干意见》（国科发火字〔1999〕302号，1999年8月11日）	优化创业环境，要制定和完善高新区地方性法规；完善高新区创业服务体系，将孵化服务机构、创业资本市场和信息网络构成一个完整的体系，实现官、产、学、研、资、介、贸的有机结合；实行鼓励回国、来去自由、多种形式为国服务的方针吸引留学人员到高新区创业；扶持具有自主知识产权的科技型中小企业；采取切实措施办好中国亚太经济合作组织（APEC）科技工业园区；根据高新区评价指标体系进行动态管理，实行分类引导、定期评估、总量控制、优上劣下。

（续上表）

主要政策文件名称	主要内容
《国家高新技术产业开发区高新技术企业认定条件和办法》（国科发火字〔2000〕324号，2000年7月23日）	划定高新技术范围以及确定国家高新技术产业开发区的高新技术企业认定办法，经认定的高新技术企业享受国家政策规定的优惠待遇。
《国务院办公厅关于暂停审批各类开发区的紧急通知》（国办发明电〔2003〕30号，2003年7月18日）	各级人民政府及其有关部门一律暂停审批新设立和扩建的包括经济技术开发区、高新技术产业开发区、旅游度假区、商贸开发区、工业园、创业园、软件园、环保产业园和物流产业园在内的各级各类开发区（园区）。国家级开发区确需扩建的，须报国务院审批。
《国务院办公厅关于清理整顿各类开发区加强建设用地管理的通知》（国办发〔2003〕70号，2003年7月30日）	对各级人民政府及其有关部门批准设立的各类开发区进行全面清查，清查的重点是省及省级以下人民政府和国务院有关部门批准设立的各类开发区，以及未经批准而扩建的国家级开发区；今后更严格控制设立以成片土地开发为条件的开发区，鼓励工业项目向依法设立的国家级和省级开发区集中；市、县进行工业、教育、科技和商贸等项目建设的项目，未经批准不得使用开发区的名称。 依据国家有关法律法规、土地利用总体规划和城市总体规划，纠正越权审批、违规圈占土地、低价出让土地等行为；要对各级人民政府及其有关部门批准设立的各类开发区进行全面清查和整顿规范；加强对开发区建设用地的集中统一管理。
《关于清理整顿现有各类开发区的具体标准和政策界限的通知》（发改外资〔2003〕2343号）	明确清理整顿的具体标准和政策界限，坚决纠正违规擅自设立开发区、盲目扩大开发区规模的现象，切实解决开发区过多过滥、违规用地等突出问题。对撤销的开发区，要取消其名称，撤销其管理机构，收回各项管理权限。对依法收回的土地，能够复垦的，由当地政府组织复垦后无偿交还农民耕种；能够恢复其他农业用途的要予以恢复；严禁撂荒闲置。

（续上表）

主要政策文件名称	主要内容
《国家税务总局关于软件企业和高新技术企业所得税优惠政策有关规定执行口径等问题的通知》（国税发〔2003〕82号，2003年5月2日）	对经认定属于新办软件生产企业同时又是国务院批准的高新技术产业开发区的新办高新技术企业，可以享受新办软件生产企业的减免税优惠。在减税期间，按照15%税率减半计算征收企业所得税；减免税期满后，按照15%税率计征企业所得税。
《关于印发〈清理整顿开发区的审核原则和标准〉的通知》（发改外资〔2005〕1571号）	各类新建高教园区、大学园区、省级及以下的物流园区和旅游度假区、建设新城为主的各类园区、没有改变农业用地性质的农业园区不再冠以带有开发区含义的称谓，不纳入开发区管理；申请保留的开发区中的房地产开发部分（开发区配套设施除外）划归开发区所在地政府管理，相应核减开发区面积。开发区的“区中园”，不作为独立园区保留（经国务院批准的除外）。
《中华人民共和国海关对保税物流园区的管理办法》（海关总署令第134号发布，2005年11月28日）	海关在园区派驻机构，对进出园区的货物、运输工具、个人携带物品及园区内相关场所实行24小时监管。园区内设立仓库、堆场、查验场和必要的业务指挥调度操作场所，不得建立工业生产加工场所和商业性消费设施。海关对园区企业实行电子账册监管制度和计算机联网管理制度。
《国务院办公厅转发商务部等部门关于促进国家级经济技术开发区进一步提高发展水平若干意见的通知》（国办发〔2005〕15号，2005年3月21日）	抓紧研究制定《国家级经济技术开发区管理条例》，为其持续发展提供法律保障；坚持和完善精简高效的管理体制；严格依据土地利用总体规划和城市总体规划进行开发建设；继续对国家级经济技术开发区给予金融政策支持；大力支持中西部地区国家级经济技术开发区发展；推动国家级经济技术开发区大力吸引跨国公司投资；促进现代物流业发展和加工贸易优化升级；完善国家级经济技术开发区投资环境综合评价体系。

（续上表）

主要政策文件名称	主要内容
《国家级经济技术开发区经济社会发展“十一五”规划纲要》（商资发〔2006〕257号，2006年7月21日）	“十一五”期间国家级开发区的总体目标是：努力建设成为促进国内发展和扩大对外开放的结合体，成为跨国公司转移高科技高附加值加工制造环节、研发中心及其服务外包业务的重要承接基地，成为高新技术产业、现代服务业和高素质人才的聚集区，成为促进经济结构调整和区域经济协调发展的重要支撑点，成为推进所在地区城市化和新型工业化进程的重要力量，成为体制改革、科技创新、发展循环经济的排头兵。 从推进体制改革与创新、营造投资与贸易便利化的环境、坚持集约化发展、建设绿色开发区、实施人才强区战略、完善政策支撑体系六大方面的政策措施，提高国家级开发区发展水平。
《中华人民共和国海关保税港区管理暂行办法》（海关总署令第164号，2007年9月3日）	保税港区实行封闭式管理；区内不得居住人员；不得建立商业性生活消费设施和开展商业零售业务；通过“电子口岸”实现区内企业及相关单位与海关之间的电子数据交换；保税港区内开展存储进出口货物和其他未办结海关手续的货物、国际转口贸易、国际采购、分销和配送等业务；海关对区内企业实行计算机联网管理制度和海关稽查制度；符合规定的货物从境外进入保税港区，海关免征进口关税和进口环节海关代征税。
《海关总署关于支持扩大内需促进经济增长的十项措施》（署厅发〔2008〕468号，2008年11月26日）	支持具备较好条件的地区建设保税港区或综合保税区；支持在边境地区设立与其需求相适应的海关特殊监管区域或保税监管场所；加快推进海关特殊监管区域的“功能整合、政策叠加”工作，引导先进制造业和现代生产型服务业入区发展；研究解决由于各种原因制约海关特殊监管区域和保税监管场所功能发挥的问题；鼓励和引导在海关特殊监管区域和保税监管场所内设立高端产品研发中心、检测维修服务中心并开展仓储、配送、分拨等物流服务；积极会同商务主管部门放宽对具有自主品牌与核心技术的高新

（续上表）

主要政策文件名称	主要内容
《海关总署关于支持扩大内需促进经济增长的十项措施》（署厅发〔2008〕468号，2008年11月26日）	技术企业和大型装备制造业出口产品返回国内维修的限制；鼓励和方便企业以保税仓储的方式大量进口战略性、资源型物资；加快推进海关特殊监管区域立法工作，进一步规范海关特殊监管区域管理。
《中华人民共和国企业所得税法》（中华人民共和国主席令第六十三号，2008年1月1日）	取消之前针对区域和投资主体的优惠政策，实行25%的统一税率，对高新技术企业实行15%的优惠税率。
《创新型科技园区建设指南》（国科发火〔2008〕273号）	指导各级人民政府和相关部门在国家高新区开展创新型科技园区建设工作。确定创新型科技园区总体目标、主要任务、工作重点、政策配置以及管理措施等。 支持各建设园区承担国家重大科技项目；支持鼓励企业上市，特别是积极开展创业板和非上市企业股权代办系统的相关工作；支持开展“创业导师”，科技企业孵化器、加速器建设；支持开展产业技术创新联盟工作；支持开展技术转移行动方案；支持开展创新集群工作；加大“火炬计划”“科技型中小企业创业投资引导基金”“科技型中小企业技术创新基金”对建设园区的支持。
《国家高新技术产业开发区评价指标体系》（国科发火〔2008〕191号，2008年5月5日）	第四次制定和修改国家高新区评价指标体系，由国家高新区评价指标体系和区域环境测度指标两大部分组成：国家高新区评价指标体系由知识创造和孕育创新能力、产业化和规模经济能力、国际化和参与全球竞争能力、高新区可持续发展能力4个一级指标构成，下设44个二级指标；区域环境测度指标由经济支撑、知识支撑、环境支撑3个一级指标构成，下设13个二级指标。

（续上表）

主要政策文件名称	主要内容
《商务部关于省级商务主管部门和国家级经济技术开发区负责审核管理部分服务业外商投资企业审批事项的通知》（商资函〔2008〕64号，2008年10月30日）	《外商投资产业指导目录》中总投资1亿美元以下鼓励类、允许类，总投资5 000万美元以下限制类的外商投资企业设立及变更由各省、自治区、直辖市、计划单列市、副省级市及新疆生产建设兵团商务主管部门、国家级经济技术开发区依法负责审核、管理。中外合资，中外合作医疗机构，外商投资图书、报纸、期刊分销企业及音像制品批发企业，外商投资非油气矿产勘查企业和采矿企业等设立或变更须取得有关部门的许可。
《国家级边境经济合作区基础设施项目贷款财政贴息资金管理办法》（财建〔2009〕36号）	国家级边境经济合作区内已落实贷款并支付银行贷款利息的基础设施在建项目，均可按规定申报贴息，原则上所有项目享受财政贴息期限不得超过5年。贴息资金根据项目单位符合贴息条件的银行贷款余额、当年贴补率和当年实际支付的利息数计算确定。财政贴息的贴补率按不高于3%的比例一年一定。
《关于在国家生态工业示范园区中加强发展低碳经济的通知》（环办函〔2009〕1359号）	通过产业优化、技术创新、管理升级等措施提高能源利用效率和改善能源结构；根据各园区特点从低碳产业、低碳生产、低碳产品、低碳生活等方面着手通过国家生态工业示范园区试点工作，积极探索园区和工业集聚区减少碳排放的有效途径；促进产业结构调整升级低碳化；加强低碳技术研究开发、低碳经济管理机制建立以及低碳经济理念的宣传。
《国家发展改革委关于加快国家高技术产业基地发展的指导意见》（发改高技〔2009〕3211号）	大幅度增加基地研究开发投入，使研究开发投入占基地生产总值的比例、高新技术产品产值占全部产品产值的比例、研究开发和工程技术人员占全部就业人员的比例等显著高于其他区域；加大政府引导力度；加快发展创业投资；支持企业利用资本市场融资；鼓励产学研结合；加强公共服务平台和创新基础能力建设；加强人才培养和引进；加强国际交流与合作；支持省级高技术产业基地发展。

（续上表）

主要政策文件名称	主要内容
《国家税务总局关于保税物流中心及出口加工区功能拓展有关税收问题的通知》（国税函〔2009〕145号）	批准设立了天津经济技术开发区保税物流中心等23家保税物流中心。境内货物进入保税物流中心的，视同出口，实行出口退（免）税政策；保税物流中心内货物进入境内，视同进口，按照进口的有关规定征收或免征进口增值税、消费税。
《商务部关于国家级经济技术开发区工作的指导意见》（商资发〔2009〕138号）	加大基本建设投入，集中财力实施一批基础设施和民生工程建设；稳定利用外资规模，提高利用外资质量；各开发区特别是20个服务外包示范城市的开发区要加大对服务外包产业的财税政策支持力度，鼓励企业积极承接国际服务外包业务；稳定进出口规模，加快转变外贸发展方式，重点推动自主品牌产品和大型机械、成套设备以及优势农产品、劳动密集型产品出口，加大对中小企业技术创新和参与国际竞争的扶持力度；东部地区的开发区要深化开放，采取措施推动本区域向国际先进制造业、高新技术产业、现代服务业集聚区和跨国公司研发中心、区域总部方向发展；积极促进就业，依托区内企业建立“青年就业创业见习基地”，推动企业提供见习岗位；建立开发区管委会与企业之间高效的沟通联系机制，将基层意见反馈制度化、常态化。
《科技部关于印发发挥国家高新技术产业开发区作用促进经济平稳较快发展若干意见的通知》（科发高〔2009〕379号）	加快高新技术产业集聚，提升产业整体竞争力，加快省级高新区的升级工作；增强自主创新能力，完善公共创新平台和人才队伍建设；创新体制机制，加强财税扶持，鼓励政策“先行先试”；科技部将加强对国家高新区和省级高新区的业务指导，鼓励有条件的地方设立高新区发展专项资金。

（续上表）

主要政策文件名称	主要内容
《财政部关于印发〈中西部等地区国家级经济技术开发区基础设施项目贷款财政贴息资金管理办法〉的通知》（财建〔2010〕48号）	国家级经济技术开发区管辖区域范围内已落实贷款并支付银行贷款利息的基础设施在建项目，均可按规定申报贴息，按照各开发区投资环境综合评价和自主创新能力指标测算排名分别予以贴息，贴息率差距在30%左右。所有项目享受财政贴息期限不得超过5年。
《国家级文化产业示范园区管理办法（试行）》（办产发〔2010〕19号，2010年7月27日）	国家级文化产业示范园是指进行文化产业资源开发、文化企业和行业集聚及相关产业链汇聚，对区域文化及相关产业发展起示范、带动作用，发挥园区的经济、社会效益的特定区域。必须已经集聚了一定数量的文化企业，园区内文化企业数量占园区企业总数的60%以上。由所在地的省级文化行政主管部门负责协调、指导园区建设和对园区的监管，并配合地方人民政府出台相关的优惠政策和支持措施。
《文化部关于加强文化产业园区基地管理、促进文化产业健康发展的通知》（文产函〔2010〕1169号，2010年6月9日）	各级文化行政部门要加强对文化产业园区、基地布局的统筹规划，明确本地区文化产业园区、基地的布局、规划、定位和发展目标；严格调控文化产业园区、基地的发展数量，严格控制新命名的文化产业园区基地的数量；优先将示范园区、基地内有贷款需求的企业和项目推荐给与文化部建立部行合作机制的银行机构，积极促成优质文化项目进入文化产权交易市场进行融资，大力培育文化企业上市融资，联合金融机构探索针对文化产业示范园区、基地内文化企业的信用评级制度。
《国务院关于中西部地区承接产业转移的指导意见》（国发〔2010〕28号，2010年9月6日）	发挥国家级经济技术开发区、高新技术产业开发区的示范带动作用，承接发展电子信息、生物、航空航天、新材料、新能源等战略性新兴产业，引导转移产业向园区集中，促进产业园区规范化、集约化、特色化发展。鼓励中西部地区通过委托管理、投资合作等多种形式与东部沿海地区合作共建产业园区。

（续上表）

主要政策文件名称	主要内容
《关于印发国家大学科技园“十二五”发展规划纲要的通知》（国科发高〔2011〕362号，2011年8月5日）	“十二五”期间，国家大学科技园应以增强自主创新能力为核心，以促进高校科技成果转化、促进创新创业人才培养、促进区域经济发展为重点，努力建设成为高校科研成果转化与产业化的重要渠道，高新技术企业和战略性新兴产业培育的重要载体，促进区域经济实现创新驱动发展的重要支撑，高等学校创新创业教育和高层次创新创业人才培养的重要基地。 加大对国家大学科技园专业技术创新服务平台建设的支持力度；推动国家大学科技园区域联盟和业务联盟建设，继续支持北京、上海联盟建设，探索建立东北、西北、西南、中部等区域联盟和专业化的业务联盟；支持国家大学科技园培育特色鲜明的产业集群，引导其参与科技服务业专项行动；建设150个高校学生科技创业实习基地，依托国家大学科技园，认定80个高校学生科技创业实习基地。组织实施国家大学科技园“促进高校科技成果转化”“促进创新创业人才培养”“促进区域经济发展专项行动”（即“三促进”行动），重点建设一批示范科技园。
《国家发展改革委、财政部关于推进园区循环化改造的意见》（发改环资〔2012〕765号，2012年5月4日）	要从空间布局优化、产业结构调整、企业清洁生产、公共基础设施建设、环境保护、组织管理创新等方面，推动现有各类园区进行循环化改造。各地要高度重视，把园区循环化改造作为转变发展方式、实现园区绿色低碳循环发展的重要方向；中央财政资金将加大对园区循环化改造重点项目的支持力度；鼓励园区引进或培育专业化公司为园区废物管理提供“嵌入式”服务；支持推动一批重点园区进行循环化改造示范。

（续上表）

主要政策文件名称	主要内容
《关于印发国家级经济技术开发区、国家级边境经济合作区基础设施项目贷款中央财政贴息资金管理办法的通知》（财建〔2012〕94号，2012年3月19日）	中央财政对西部地区开发区、战略性新兴产业集聚和自主创新能力强的开发区，给予重点贴息支持。财政部根据年度贴息资金预算控制指标和当年贴息资金申报情况等因素确定贴息率，最高不超过当年中国人民银行同期贷款基准利率。项目建设期少于3年（含3年）的，按项目建设期进行贴息；项目建设期大于3年的，按不超过5年进行贴息；属于购置的，按2年进行贴息。

附表2 广州开发区政策

主要政策文件名称	主要内容
《广州经济技术开发区条例》（1987年1月22日广东省第六届人民代表大会常务委员会第二十四次会议通过，2003年4月2日广东省第十届人民代表大会常务委员会第二次会议第二次修正）	广州经济技术开发区经国务院批准，在广州市设立。开发区是在广州市人民政府领导下实行国家优惠政策、进行经济技术开发的区域。就开发区行政管理、投资与经营管理、土地开发与管理、技术引进和优惠待遇五大方面作出具体的规定。 对开发区企业和外商投资者在企业所得税、进出口关税的减税、免税、退税等方面的待遇，分别按照国家有关法律规定执行；经确认的外商所投资的开发区先进技术企业可享受国家规定的优惠；对开发区外商投资企业需要给予减征免征地方所得税优惠的，按国家税法有关规定办理；开发区及其新开发区域内可经营保税加工、保税仓储和转口贸易等业务。

（续上表）

主要政策文件名称	主要内容
《广州开发区鼓励在留学人员广州创业园兴办项目若干规定》（穗开管〔2001〕40号，2001年12月4日）	留学人员兴办的项目属于国家允许和鼓励外商投资的行业范围的，可按照华侨和港、澳、台胞来穗投资有关法律、法规办理，享受相应优惠政策；留学人员在创业园内兴办的企业，开发区将视企业对开发区贡献大小给予科技扶持金奖励；留学人员以其专有技术作为无形资产入股合作办企业的，其技术股所占企业总股份的比例最高可达35%；对进入创业园的高新技术企业孵化项目或研究开发机构的厂房租金和物业管理费在一定期限内给予适当的补贴；高新技术企业、高新技术成果转化项目和研究开发机构需要生产性用地的，可分期交付土地出让金；留学人员兴办的高新技术成果转化项目以及高新技术企业，可以优先争取获得各类专项资金或基金的扶持；留学人员及留学人员兴办项目聘用的员工需要出国接受培训、学术交流、进行产品售后服务、签约、接收设备等，优先予以办理有关出国手续；到创业园兴办项目的留学人员本人及其配偶、未成年子女、父母可按规定申请入户广州，在穗定居的免缴城市基础设施增容费并可给予适当的安家补助；其子女入托和就读（中、小学），免收政府规定以外的任何费用；留学人员兴办项目从国内招聘的高级专业技术人员和管理人员，可优先给予入户广州指标，并免收城市基础设备增容费。
《广州开发区国有土地使用权出让金征收管理暂行办法》（穗开管〔2001〕22号）	开发区管委会是土地出让金收入的主管机关，开发区经济发展局根据土地出让金基金预算收支计划及土地开发支出和城市基础设施建设的需要制订具体的土地出让金使用计划，财政局根据开发区土地出让金收入情况制订土地出让金基金预算收支计划。

（续上表）

主要政策文件名称	主要内容
《广州开发区关于加快科技创新和体制创新，推动高新技术产业跨越式发展的若干决定》（穗开〔2002〕5号）	切实加快科技创新步伐，努力实现高新技术产业的跨越式发展；切实推进体制创新，为实现高新技术产业跨越式发展提供体制保障；加快建立健全科技创新创业服务体系；加快高新技术产业基地和载体建设，不断完善优化配套环境；高起点大力引进国内外科技创新创业的各种资源和要素；实施名牌战略，加快培育高新技术产业龙头企业和主导产业群；按照有所为，有所不为的原则，确定高新技术产业发展的重点领域，并予以重点扶持；进一步加大财政对科技的支持力度，充分发挥政府科技资金的示范带动作用和乘数效应；认真做好知识产权保护、管理和运用工作，加快发展具有自主知识产权的高新技术产业；不断优化人才引进、培养和激励的综合环境，努力建立强大的人才、智力依托；认真做好科技政策的落实和完善工作，努力为推动高新技术产业跨越式发展营造良好的政策环境；加强组织领导，形成共同推动高新技术产业发展的强大合力。
《广州开发区关于加强与高校、科研院所产业化合作的意见》（穗开管〔2003〕7号）	切实发挥好高校、科研院所的资源优势，促进成果在我区实现产业化；鼓励高校、科研院所在我区设立研发中心；促进高校、科研院所与企业之间的研究和开发合作，支持高校、科研院所在企业内共建研究与开发中试基地，或以研究与开发的资源或成果作为股份与企业共建经济实体，与企业形成长期合作的伙伴关系，支持企业从源头参与高校、科研院所的研究与开发；建立健全科技创新服务体系，促进科技项目信息的交流；积极吸引高校、科研院所来我区建立大学科技园、成果推广示范基地。

（续上表）

主要政策文件名称	主要内容
《广州开发区关于促进高新技术产业发展的若干措施》（穗开管办〔2004〕80号，2005年1月7日）	（1）明确产业发展重点。开发区重点发展电子信息、生物医药、新材料三大高新技术产业。 （2）推进科技成果产业化。电子信息产业基地主要布局在科学城中部组团和首期用地南部；生物医药产业基地主要布局在科学城东部组团、首期用地北部以及广州国际生物岛；新材料产业基地主要布局在科学城南部组团和永和经济区。 （3）加快科技孵化器建设。加快科学城科技创新基地、国家863软件专业孵化器广东基地、广州国际企业孵化器、广州留学人员创业园等孵化器的建设，建立电子信息、生物医药、新材料等专业孵化器。 （4）对科技企业研发及生产场地给予优惠。对于孵化毕业企业或引进的高科技企业需购买区内标准厂房的，按60元/平方米的标准一次性补贴给企业，最高补贴额3万元。高科技企业需购买发展用地的，给予优先安排项目用地和适当优惠。 （5）加强科技项目引进。对属于三大重点产业的内资高新技术产业项目的引进，采取与外资项目同等的招商引资奖励与扶持措施。 （6）建立公共技术平台。对企业利用广州地区国家、省、市级公共开放实验室、公共技术服务平台和经区科技部门备案的区内公共技术平台租用仪器设备进行项目开发发生的使用费，经核准给予30%～50%的补贴。 （7）加大科技项目资金支持。对于三大重点产业类企业获得市级科技项目立项并经管委会批准的给予上级部门资助金额最高30%的资金配套。 （8）鼓励科技风险投资。对在区内从事创业投资，年度累计投资超过2 000万元，并带动投资1亿元以上的风险投资公司，按有关招商引资政策给予必要的奖励。 （9）加强科技创新奖励。开发区管委会设立科技创新奖励金，对科技人员、企业单位在科技创新活动中所取得的成果给予奖励。

（续上表）

主要政策文件名称	主要内容
	（10）加强人才的培养与引进。加大对企业设立博士后工作站的支持力度，对于进站的博士后给予一次性5万元的项目研究启动经费。 （11）实行知识产权示范企业认定制度。鼓励企业自愿申请知识产权制度示范企业，对于认定为区知识产权制度示范企业的给予优惠。 （12）积极实施标准战略。对将本企业技术标准转化为国家标准和国际标准的，给予10万元到30万元的奖励。 （13）鼓励建立科技企业融资担保机构、产权和技术交易市场。
《广州开发区水利建设基金管理暂行办法》（穗开管办〔2004〕4号）	加强广州经济技术开发区、广州高新技术产业开发区、广州出口加工区、广州保税区的水利建设基金的管理，对水利建设基金来源、使用范围、审批程序等作出明文规定。
《广州开发区知识产权示范企业认定和奖励办法（暂行）》（穗开管〔2005〕411号）	经认定的知识产权示范企业由管委会授予“知识产权示范企业”的称号，并奖励企业5万元；申请一项发明专利，资助专利代理费3 000元；资助每宗知识产权案件调查取证所需的技术鉴定费用的50%，最高不超过5 000元；优先推荐申报市级以上知识产权示范（试点）企业、专利技术实施计划项目和专利奖，优先安排或推荐各级各类科技计划项目。凡被列为国家、省、市级知识产权示范（试点）企业的，分别一次性给予15万元、10万元和5万元奖励。
《广州开发区财政投资基本建设项目资金集中支付办法（暂行）》（穗开管办〔2005〕4号）	列入开发区管委会年度财政投资基本建设项目立项计划的项目（含续建项目和预备项目）采取集中支付资金的办法，支付范围包括建设项目概（预）算的建筑安装工程投资、设备投资、待摊投资、其他投资以及项目资本金投资。

（续上表）

主要政策文件名称	主要内容
《国家级经济技术开发区经济社会发展“十一五”规划纲要》（商资发〔2006〕257号，2006年7月21日）	珠江三角洲地区的国家级开发区要努力建设成为现代制造业、高新技术产业和高附加值现代服务业的密集带；成为承接跨国公司高端制造环节、研发环节和服务外包的重要基地；成为国家能源储备与开发的重要基地；成为推动综合体制改革、实现经济社会协调发展的示范区；成为各类高素质国际型人才的聚集区；成为促进与东盟经贸合作的强大平台，提升国际综合竞争力。
《广州经济技术开发区、广州高新技术产业开发区、广州出口加工区、广州保税区循环经济发展专项资金管理暂行办法》（穗开管〔2007〕19号）	列入国家、省市循环经济试点企业或项目按该项目所获得银行贷款给予不超过两年期贷款贴息，贴息率按3%计，单个项目贴息额最高不超过50万元；对获得国家、省级、市级循环经济管理部门或其他有关部门资助的各类循环经济项目分别给予不超过该项目立项部门资助金额50%、50%、30%的资金配套支持；资助区级循环经济项目，单个项目资助金额不超过30万元；获得省或市“清洁生产企业”称号的企业一次性给予每个企业15万元的奖励。
《广州开发区科技发展资金管理办法》（穗开管〔2007〕21号）	对国家级、省级、市级的科技项目分别给予不超过该项目立项部门资助金额100%、70%、50%的资金配套；对留学人员企业获得创业资金支持的，给予等额资金配套，最高不超过20万元； 研发经费占年度销售收入5%以上（含5%）的高成长性高新技术企业，上年度销售收入超过500万元的，给予不超过上年度研发经费支出总额的20%研发经费补贴；对上年度销售收入超过1亿元的，给予不超过上年度研发经费支出总额的10%研发经费补贴； 对获得政府间合作的国外科技研发项目资助的，给予不超过该项目资助金额的30%的资金；对获得市级以上（含市级）重点新产品、火炬计划项目、星火计划项目或其他科技立项项目，按该项目所获银行贷款给予一年期贷款贴息，贴息率按3%计；对获得国家级工程研究开发中心、

（续上表）

主要政策文件名称	主要内容
	国家级重点研究试验室等资格的研发机构，一次性给予最高不超过300万元人民币的资助；对获得省级研发机构资格的，一次性给予最高不超过150万元人民币资助；对通过CMMI级以上国际资质认证，并获得市级以上科技主管部门资助的软件企业，给予等额资助；对开发区中小科技企业在境内外上市或进入非上市高新技术企业股权转让待办系统的，分别给予最高不超过300万元和50万元的资助。
《广州开发区关于加快推进重点创意产业发展的若干措施》（穗开管〔2007〕21号）	落户本区的动漫和软件企业或研发机构，本区给予符合条件的重点创意企业一定的奖励；区内招商单位引进重点创意产业企业，给予引进创意产业的招商单位奖励； 对创意产业园内租赁自用办公用房的重点创意企业给予办公场地补贴；对被认定为“国家规划布局重点软件企业”的软件企业、“国家动漫基地”的动漫企业、设计产品获得中国企业“产品创新设计”奖（CIDF奖）的工业设计企业给予贷款利息补贴；为本区创意企业提供贷款担保的区内担保机构，担保期在一年以上的，开发区再按照担保总额1%奖励给担保机构；对于区内重点产业企业参加国际主要创意产业展览，经区科技部门认定，给予企业参展费用的50%的一次性补贴；对于通过ISO9000和CMM/CMMI等级认证，获得市级以上科技主管部门资助的软件企业，给予等额资助；对于获得市级以上新闻出版和广电局资助的原创动画片，或原创游戏或动漫产品获得市级以上科技主管部门资助的企业，给予50%配套奖励； 符合条件并在产业园内重点创意企业从事软件、动漫、工业设计相关工作满一年后，给予区内创意企业每人培训费用30%或50%的一次性补贴； 安排专项资金并着力引进社会力量建设创意产业公共技术平台；对区内创意企业利用广州地区国家、省、市级公共实验室、公共技术服务平台和经区科技主管部门备案的区内公共技术平台租用仪器设备从事项目开发发生的使用费用给予30%~50%的补贴。

（续上表）

主要政策文件名称	主要内容
《广州开发区知识产权资助资金管理办法》（穗开管〔2007〕21号）	对开发区管辖范围内机关以及在区内注册并在区内办理税务登记的企业单位、事业单位和个人在区内申请专利、商标、软件著作权登记、集成电路布图设计登记、获得名牌产品称号、采标认可和地理标志保护的以及知识产权法律援助给予一定的资助。
《广州开发区科技计划项目管理办法》（穗开管［2007］21号）	明确科技计划项目管理的基本程序和要求、管理职能、立项管理、实施管理、验收管理等。
《广州开发区科学技术奖励暂行规定》（穗开管〔2007〕21号）	每年颁发一次开发区设立科技成果奖、科技成果产业化奖、科技创新奖和科技之星奖，对为开发区科学技术进步做出突出贡献的公民及组织进行相应的奖励。
《广州高新技术产业开发区创新型科技园区建设方案》（广州高新技术产业开发区管理委员会，2008年7月）	创新型科技园区建设的政策措施： （1）鼓励创新创业的政策措施：加大政府对科技创新的投入，设立创新型企业种子基金，构建商业天使投资网络，设立科技企业创业发展引导基金，对科技项目给予配套资助，鼓励引进、培养和造就创新人才，加大科技项目引进力度，建设孵化器与建立“创业辅导”制度。 （2）促进企业加速成长的政策措施：建设科技企业加速器，设立中小型科技企业担保公司，发展国家非上市企业股权交易代办系统，支持高成长性企业上市融资，促进企业形成自主知识产权和提升自主品牌价值，实施标准化战略。 （3）促进集群创新发展的政策措施：加强集群发展平台建设，促进集群内产业技术联盟的形成与发展，促进跨国公司技术溢出，促进产学研合作，加强科技中介服务体系建设。 （4）完善园区环境建设的政策措施：加强科技基础设施建设，完善配套服务设施。

（续上表）

主要政策文件名称	主要内容
	（5）优化园区治理的政策措施：完善创新政策体系，建立创新政策管理系统，促进创新资源的区域融合，加强国际合作，建立虚拟高新区和创新驿站。
《关于进一步加大财政投入力度促进我区经济社会又好又快发展的若干意见》（穗开管〔2008〕56号，2008年12月1日）	区财政安排投入250亿元，推进广州科学城北区、萝岗新城中心区十公里地带及科学城公共配套基础设施、广州开发区交通枢纽、现代服务业基础设施等建设； 区财政安排23.2亿元作为科技发展专项资金、创业投资专项资金、投入科技担保公司资金、引进创新领军人才专项资金、技术标准产业化专项资金，用于促进自主创新，支持高新产业发展； 区财政安排投入10.5亿元成立企业发展、总部经济、金融发展、创意产业、服务外包专项资金，用于发展高端产业； 区财政安排约2.3亿元成立企业提前投产奖、循环经济专项资金、重点企业扶持专项资金等支持企业发展； 区财政安排约1亿元用于促进农村经济发展和农民资助创业； 区财政安排10.46亿元社会医疗保障专项资金。
《广州开发区关于加快推进循环经济发展的若干意见》（穗开管〔2008〕46号）	用5年左右的时间，初步建立起广州开发区发展循环经济的政策支持体系、技术创新体系和有效的激励机制和约束机制，力争成为国家生态工业园区。再用10年左右的时间，以循环经济的发展理念和模式，把我区建设成为产业结构合理，城市功能完善，经济发展与资源环境相协调的国家循环经济示范区。 管委会、区政府设立鼓励发展循环经济的专项资金，通过专项补助、贷款贴息等多种方式，对清洁生产、各类示范工程和重点项目、资源再生型企业发展、循环经济宣传培训等提供资金支持。

（续上表）

主要政策文件名称	主要内容
《广州开发区关于加快推进循环经济发展的若干意见》（穗开管〔2008〕46号）	引导企业坚持以“节能、降耗、减污、增效”为目标，采用切实有效的清洁生产方案，鼓励企业开展ISO14000环境管理体系认证；实施节能目标管理考核制度，加强节能监管，加大节能执法力度；积极实施工业节水，重点抓好食品、饮料、钢铁、电子线路板等高耗水行业的节水工作，每年选10家企业作为试点；积极采取多种途径盘活存量土地，大力实施“腾笼换鸟”，逐步清理占地多、耗能高、污染大、效益低的项目；严格执行设计规范、生产规程、施工工艺等技术标准，实行材料消耗核算制度，并加强监督检查工作；完善我区生活垃圾分类回收系统，制订综合利用实施方案，重点做好生活垃圾分类宣传和生活垃圾分类回收的试点工作；加强环保设施建设，加快8个污水处理厂的扩建和新建工程，力争到2010年建成区污水处理率达到100%；推广生态养殖模式、种养加一体化模式、有机农业模式；深入开展绿色企业、绿色学校、绿色医院、绿色社区等绿色单位创建活动；抓好萝岗新城和广州国际生物岛循环经济示范区的规划建设；大力推进循环经济招商引资和技术研发；建立循环经济技术咨询服务体系。
《广州开发区创业投资引导基金设立方案》（穗开管办〔2008〕43号）	创投引导基金由广州开发区管委会财政出资设立，基金规模初定10亿元首期拨付5亿元并将被划分为两个部分使用：（1）种子基金：首期规模初定5 000万元。主要用于投资我区各孵化器内成长性较好且科技含量高的科技企业。种子基金只能投资于种子期的项目。（2）引导基金：首期规模初定4.5亿元，主要用于吸引社会资本，成立合伙制商业基金共同投资于我区科技项目。引导基金可用于投资我区初创期和成长期的项目。

（续上表）

主要政策文件名称	主要内容
《广州经济技术开发区广州高新技术产业开发区广州出口加工区广州保税区吸引科技领军人才实施办法》（穗开管办〔2008〕33号，2008年8月26日）	（1）创业资金资助：对科技领军人才创办的项目给予最高不超过600万元创业启动资金资助、相应的资金配套、最高不超过500万元的参股投资；对其所获金融机构贷款给予二年期的贷款贴息，年贴息率按3%计，贴息总金额最高不超过200万元；科技领军人才在我区创业期间，区财政每年按其所缴纳的个人所得税额的50%给予补贴。 （2）创新创业载体支持：对选择入驻区管委会财政投资建设的孵化器、加速器等载体的科技领军人才创业项目，根据需要向其提供相应的工作场所。其中入驻孵化器的项目提供最大不超过500平方米的工作场所，入驻加速器的项目提供最大不超过2 000平方米的工作场所，并在3年内免除场地租金。 （3）居住环境服务：对本人单身或对偕同家属入广州开发区发展的科技领军人才可分别免租安排入住80、150平方米左右的公寓；对项目在3年内实现了产业化且3年内其所创办项目累计营业收入达5 000万以上的科技领军人才，一次性给予100万元（税后）的购房补贴。 （4）本人及家属入户补贴。对落户广州开发区的科技领军人才，开通绿色通道办理入户手续，广州开发区管委会给予一次性安家补贴。 （5）家属就业推荐。对随科技领军人才入户广州开发区的符合就业条件的配偶、子女，由广州开发区劳动保障部门负责推荐就业。 （6）子女入学服务。科技领军人才子女可在广州开发区任何一所区属公办中、小学和幼儿园就读，随父母从国外回来的子女，入学考试符合归国华侨子女照顾条件的给予加分。 （7）交通补贴。科技领军人才每人每月可享受2 000元交通补贴。 （8）医疗保健服务。科技领军人才可在广州开发区定点医院享受优先医疗服务，相关费用由区财政承担。在区

（续上表）

主要政策文件名称	主要内容
	医院设立科技领军人才医疗服务机构，为科技领军人才提供跟踪医疗服务。 （9）文化体育服务。为科技领军人才办理运动健身卡，可在广州开发区内定点运动健身场所免费消费。 （10）学术交流平台服务。成立科技领军人才俱乐部，举办创新创业沙龙、科技领军人才论坛等主题活动。对贡献突出或有工作需要的科技领军人才，每年可资助一至二次赴国外进行学习考察或学术交流，资助费用每次最高不超过2万元。 （11）创业培训服务。为科技领军人才及其创业团队提供创业培训服务，邀请国内外知名企业家定期举办现代企业管理、财务管理、营销管理等专题的创业讲座，聘请创业导师对科技领军人才创办企业进行全过程创业辅导服务。 （12）创新创业社会氛围建设。建立科技领军人才荣誉制度，授予科技领军人才荣誉称号，颁发区科技领军人才荣誉证书。
《广州经济技术开发区广州高新技术产业开发区广州出口加工区广州保税区财政投资基本建设管理规定》（穗开管办〔2008〕51号）	制定广州经济技术开发区、广州高新技术产业开发区、广州出口加工区、广州保税区财政投资基本建设管理制度，建立科学的财政投资基本建设决策、实施程序。
《广州开发区萝岗区促进产业转移和劳动力转移奖励办法》（穗开管办〔2009〕3号）	通过财政补贴鼓励企业转移出去。对已在我区购地建厂但产值及效益不理想的企业，或低端制造业，如愿意转移至梅州、从化产业承接基地的，由开发区管委会委托中介机构对企业的土地和厂房价值进行评估，按评估价向企业回购土地和厂房。

（续上表）

主要政策文件名称	主要内容
	鼓励区直属招商单位为梅州、从化产业承接基地引荐投资项目。凡成功引荐符合承接基地有关招商引资条件的项目进驻梅州、从化产业承接基地的，在该投资项目办理注册登记或建成投产后，参照开发区的招商奖励政策，对成功引荐项目的区直属招商单位给予一次性奖励。 通过补贴培训费用鼓励企业招聘梅州籍员工。
《广州开发区创新型企业认定和管理办法》（穗开管办〔2009〕56号）	对认定为广州开发区创新型企业，给予下列配套支持措施：广州开发区各类科技计划对创新型企业的研发项目予以重点支持，优先选择创新型企业组织产业联盟专项，进行产业重大、关键技术攻关；鼓励并优先推荐创新型企业申报国家工程中心、国家工程实验室和国家认定企业技术中心；在广州开发区科技发展经费中设立“创新型企业专项资金”，对经评估初次认定的创新型企业一次性给予200万元的无偿专项资助，用于支持创新型企业研发基础设施和平台的建设，创新人才团队培养，组织实施创新战略、知识产权管理、技术标准和质量保证体系等建设，以及奖励优秀团队管理人员；广州开发区科技管理部门优先推荐被认定的创新型企业参与评选国家和省、市级创新型企业；加大科技计划对创新型企业创新带头人和创新团队培养的支持力度；支持在创新型企业建立产学研联合的产业共性技术实验室、工程（技术）中心等技术创新平台；对创新业绩突出的创新型企业和管理人员，在广州开发区的科技奖励评审中给予加分。
《广州开发区千人科技骨干人才计划实施办法》（穗开管办〔2009〕56号）	颁发“千人科技骨干人才”证书；同时给予每名科技骨干人才每月500元个人津贴，每半年发放一次；科技骨干人才在所在单位服务期限连续满三年后，可给予每名科技骨干人才每月500元的住房补贴，每半年发放一次；鼓励科技骨干人才到国内外进行相关的培训，并给予科技骨干人才不超过培训费用50%的补贴，每年补贴总额不超过1万元。

（续上表）

主要政策文件名称	主要内容
《广州开发区鼓励发展总部经济暂行办法》（穗开管〔2009〕26号）	开发区对经认定的企业总部给予一次性扶持资助金；在开发区内购置已建成或租赁办公场所（不包括附属和配套用房）的，按建筑物办公用途部分的建筑面积计算给予资金扶持；对企业总部的高级管理人员给予奖励；对于引荐新引进符合本办法规定的各类总部企业的个人、法人、其他组织及开发区各总公司、直属公司进行奖励。
《广州开发区、萝岗区促进大学生就业的工作方案》（穗萝劳社发〔2009〕9号）	按区内企业行业类型，针对性地选择10家企业成立“广州开发区、萝岗区高校毕业生就业见习基地”；毕业后成功创业的本区户籍高校毕业生，达到我区自主创业资助和补贴条件的，按我区有关政策规定享受自主创业一次性创业资助和补贴。
《广州开发区萝岗区生产性企业增资贷款贴息办法》（穗开管〔2009〕32号）	凡符合规定的企业在其增资经批准并办理营业执照变更，且新增注册资本实际到位达到要求比例后，企业可申请贷款贴息扶持金。贷款贴息扶持金以实际发生的贷款额为基准，贴息年利率按3%计，每家企业可享受的贴息补贴期不超过一年，额度最高不超过200万元。
《广州开发区萝岗区委托投资咨询评估管理办法》（穗开管办〔2009〕22号）	经区投资（计划）主管部门确认的咨询机构可以承担本办法规定事项的咨询评估任务，本区入选咨询机构的产生，由区投资（计划）主管部门组织有关机构和专家，每2年组织1次招投标确定，并受区投资（计划）主管部门监督。
《广州开发区国家级海外高层次人才创新创业基地建设方案》（穗开组通〔2010〕4号）	加大财政投入力度，每年投入不少于10亿元，用于人才引进、培养与科技产业发展方面的资金投入；强化人才引进的产业导向；大力推进海外高层次人才创新创业载体建设，实施创新创业载体“四百万工程”；着力将知识城打造成为吸引海外高层次人才的高地；完善人才创新创业的投融资体系；搭建海外高层次人才引进的六大平台；积极对接中央、省、市人才计划；构建海外高层次人才创新创业的团队体系；创新高层次人才服务机制；完善海外高层次人才集聚的配套政策；建立专业化、国际化、市场化的孵化培育模式；加强人才工作领导。

（续上表）

主要政策文件名称	主要内容
《广州开发区萝岗区关于促进服务外包发展的若干意见》（穗开管办〔2010〕4号）	区管委会设立服务外包企业扶持金，拓宽服务外包审批服务“绿色通道”；对在我区新设立的服务外包企业总部或地区总部在规定区域内购置或租赁办公用房给予资金资助；对在我区新设立或新迁入的金融服务外包企业给予一次性资金补助；软件服务外包内资企业用于研究开发的仪器和设备，单位价值在30万元以下的可在企业所得税税前扣除。 对被认定为“国家规划布局重点软件企业”、“国家动漫基地”、产品获得中国企业“产品创新设计”奖（CIDF奖）的服务外包企业给予贷款贴息。为本区服务外包企业提供贷款担保的区内担保机构，担保期在一年以上的，管委会按照担保总额1%奖励给担保机构。 取得国际认证的企业，按照市级以上相关主管部门给予的资助标准进行等额资助；为促进服务外包企业获得国家、省、市有关部门的资金支持，区管委会给予资金配套；支持为服务外包企业提供服务的公共技术服务平台、公共信息服务平台和公共培训服务平台的建设；对于区内服务外包企业参加的国际招商推介会或国际专业展览，给予企业参展费用的50%的一次性资助。
《广州开发区萝岗区关于促进服务外包发展的若干意见》（穗开管办〔2010〕4号）	积极配合商务部“千百十工程”人才培训计划，在服务外包企业发展扶持金中安排服务；建设服务外包培训基地；大力开展服务外包人才培训；吸引服务外包高级人才来区服务或创业； 加强组织领导，加大服务外包知识产权保护力度，提供完善的基础设施保障，协助国家商务部开展服务外包数据管理工作，逐步实施服务外包统计制度。

（续上表）

主要政策文件名称	主要内容
《广州开发区萝岗区培育和发展战略性新兴产业进一步提升自主创新能力和产业竞争力的实施意见》（穗开管办〔2010〕26号）	选择确定我区重点发展的战略性新兴产业领域，以“两城一岛”为核心高标准建设战略性新兴产业发展基地；加快科技企业孵化器、加速器的建设，加大引进科技服务中介机构，加强区域创新投融资体系建设；大力推动知识产权创造，加强知识产权保护，加快实施技术标准、名牌战略；加快引进百人科技领军人才计划，引进和培养千人骨干科技人才和万人技能人才工程；加强重点领域自主创新，开展广州开发区创新型科技企业认定工作，建立自主创新高技术产业化示范基地；鼓励跨国公司来区设立研发机构，支持研发机构成果在区内产业化，鼓励区内内资企业与跨国研发机构开展合作；全面推进与中科院的相关合作，大力开展国际科技合作。
《广州开发区企业提前投产扶持办法》（穗开管〔2010〕7号）	符合申请提前投产扶持条件的企业，在规定的筹建时间内建成投产的，按一定的标准予以一次性扶持（含税扶持）；投产企业增资扩建，增资额在1 000万美元以上并在9个月以内建成投产的可参照相应条款申报扶持。
《广州保税区国际酒类交易中心项目扶持办法》（穗开管〔2010〕7号）	对符合条件的扶持对象给予5年的扶持，扶持标准参考其实现的增加值、营业收入和利润总额，根据其对广州保税区的贡献度，按一定比例进行计算并给予扶持。
《广州开发区循环经济发展专项资金管理办法》（穗开管〔2010〕7号）	资助区级循环经济项目，按照项目实际投资总额给予不超过30%的专项资助；已经列入国家、省市循环经济试点企业或项目，按该项目所获得银行贷款给予不超过两年期贷款贴息，贴息率按3%计；对获得国家、省级、市级的循环经济管理部门资助的各类循环经济项目，给予不超过该项目立项部门资助金额100%、70%、50%的资金配套支持；对获得省或市“清洁生产企业”称号的企业，采用先进节能技术、工艺、设备等新技术、新工艺或利用太阳能、风能改造既有耗能设备和工艺且节能效果明显的节约型小区、酒店和商场等，给予一定的奖励。

（续上表）

主要政策文件名称	主要内容
《广州开发区广州市萝岗区企业技术改造技术创新节能降耗和自愿清洁生产项目配套资金管理办法》（穗开管办〔2010〕4号）	凡获得国家、省、市级经贸部门牵头安排的相关市级以上财政资金扶持的区企业技术改造、技术创新、节能技术改造扶持和自愿清洁生产扶持项目，在获得市级以上财政资金扶持的基础上，符合有关条件的可以申请项目配套资金（包括扶持资金、技术改造贴息资金、节能技术改造项目扶持金、自愿清洁生产项目扶持金）。
《广州开发区鼓励发展金融产业办法》（穗开管〔2010〕7号）	对新设立或新迁入的金融机构给予一次性资金奖励和置办公用房优惠；新设立或新迁入的重要金融机构需要购地自建办公用房的，酌情给予区产业优化升级奖励；对金融机构的经营管理团队给予一次性100万元至200万元资助；对于进站的博士后给予一次性5万元的项目研究启动经费；科技人员公寓，优先出租给金融机构的中、高级管理人员周转使用；金融机构高级管理人员子女入学方面给予支持；区人事、外事部门应当简化办事程序，为金融机构的技术和管理人员赴国（境）外培训，办理调入、人才引进和家属随迁手续、人才居住证，家属就业等方面提供便利。
《广州开发区萝岗区国民经济和社会发展第十二个五年规划纲要(2011—2015年)》（广州开发区管委会、萝岗区人民政府，2011年3月）	明确开发区、萝岗区的发展定位，即将开发区、萝岗区建设成为广州东部山水新城的核心区、广州建设国家创新型城市的主力区、广州建设世界文化名城的先行区、珠三角地区现代产业集聚区、国家科学发展示范区。 宜业宜居，打造广州东部山水新城核心区；高端发展，建设现代产业体系；创新驱动，增强科技创新能力；聚焦重点，高标准建设中新广州知识城；绿色低碳，建设资源节约型环境友好型社会；民生为重，发展成果惠及人民；改革开放，增创体制机制新优势。

（续上表）

主要政策文件名称	主要内容
《广州开发区萝岗区技能人才引进、培养、晋升资助和奖励办法》（穗开管办〔2011〕41号）	用人单位外出招聘构建校企合作平台，出行费用由政府适当资助，资助总额不超过10万元/次，校企合作网站运营费用10万元/年；区外技能人才引进奖励和技能人才输送单位奖励：分引进人才数量、层次和等级设定不同资助标准，引进技能人才层次越高，奖励相应提升； 技能人才培养资助和奖励：实训点建立及正常运作资助，每个实训点按不低于10万元的标准建立，并对基地的运营管理给予一定资助，运营管理资助最高不超过2万元/年/机构。户籍人员就读技术院校学费资助：对于非贫困生给予2 500元/年的学费资助；对于贫困生按照实际支出给予最高不超过9 800元/年的资助，我区对口扶贫地区户籍学生入读我区区属技工学校的，按我区户籍学生资助标准的50%予以资助。 在职技能人才自我提升资助和奖励：在职户籍技能人才培训资助，经职业技能培训，考试通过并取得证书的，职业技能培训费用100%资助，未参加考试或参加考试但未能取得证书的，按培训费用的60%资助；在职非户籍技能人才培训资助，职业技能培训费用部分或全部由政府承担；技能人才晋升奖励，通过技师资格考试并取得技师证书的，一次性奖励1 000元，通过高级技师资格考试并取得技师证书的，一次性奖励2 000元。技能人才评优奖励，包括优秀技术工人奖励、技术能手奖励。
《广州开发区萝岗区安全生产举报奖励办法的通知》（穗开管办〔2011〕40号）	对举报的安全生产事故隐患和安全生产违法行为，经调查核实，情况基本属实且有关部门尚未知悉、掌握有关情况的属于有效举报，举报人可获得200～5 000元的奖励。

（续上表）

主要政策文件名称	主要内容
《广州开发区萝岗区标准化创新贡献奖实施办法（试行）》（穗开管办〔2011〕24 号）	广州开发区、萝岗区标准化创新贡献奖由广州开发区管委会、萝岗区政府设立，用于表彰标准化创新成果特别突出的单位。对获标准创新奖一、二、三等奖的企业或组织，按每个项目分别一次性给予 20 万元、10 万元、5 万元的奖励。
《广州开发区萝岗区标准化专家管理实施办法》（穗开管办〔2011〕25 号）	广州开发区、萝岗区标准化专家实行入库管理制度，由质量强区工作领导小组负责标准化专家库的组建管理工作。入库专家按行业、专业、职务专项分类，参与相关领域的标准化技术工作。
《关于印发广州开发区萝岗区政府质量奖评审实施办法（试行）的通知》（穗开管办〔2011〕23 号）	广州开发区、萝岗区政府质量奖是广州开发区管委会、萝岗区政府设立的最高质量奖项，授予在广州开发区、萝岗区注册登记和经营并纳税，质量管理成效显著，产品、服务和经营质量、自主创新能力和市场竞争力等在国内外处于领先地位的企业或组织。对获得区政府质量奖的企业或组织颁发奖金 10 万元。
《关于对广州开发区萝岗区企业 2012 年错峰用电期间利用发电机稳定生产给予适度补贴的通知》（穗开管办〔2012〕15 号）	工商、税务登记、统计关系和生产场所在区内的已经投（试）产、2012 年工业产值在亿元以上的生产性企业，购买 50kW 以上发电机组，于 2012 年错峰用电期间利用发电机生产的电量，按每千瓦时补贴 0. 67 元。2012 年内租赁用于生产的 50kW 以上发电机，从租赁日开始，每月按核定功率每 1kW 补贴 42 元。每家企业购买发电机自发电与租赁发电机发电补贴总金额不超过 35 万元（含 35 万元）。

（续上表）

主要政策文件名称	主要内容
《广州开发区萝岗区技能人才租赁住房补贴管理办法》（穗开管办〔2012〕4号）	在广州开发区、萝岗区内企业就业，且在广州市内无房、未租住公有住房、月均收入不超过上年度市社平工资2倍的高级技师优先配租房源，并享受相应租房补贴。在高级技师优先配租后，若仍有剩余房源，剩余房源再按本办法确定的企业积分规则，配租给积分达基准分以上（含基准分）的区内企业。区技能人才获得住房配租后可享受租金补贴，补贴额度原则上按同区域同类住房市场租赁价格的30%确定。
《广州经济技术开发区区、广州高新技术产业开发区、广州出口加工区、广州保税区、广州市萝岗区租用厂房及已投产企业增资扩产用电扩容外缆工程项目扶持办法》（穗开管办〔2010〕4号）	企业租用本区标准厂房或增资扩产符合条件的，其永久用电外缆工程或扩容外缆工程费用给予50%的扶持。

附录2　工业革命中开发区贡献的历史考察

产业创新是历次工业革命的标志，每一次产业创新都有一个或若干个策源地。这些策源地，或是企业集聚地，或是园区，都具有开发区的近似形态。

一、工业革命中的开发区贡献

（一）世界的纺织中心——兰开夏和约克

第一次工业革命没有真正意义上的开发区或园区，产业集聚区域都是由一些经济一体化区域发展而来的，其中兰开夏和约克是纺织业产业集聚的典型。

兰开夏郡建立于中世纪的1182年，晚于英格兰地区的其他郡城。兰开夏郡在工业革命发生前只能算作是村落，集中了英格兰大量的手工棉纺业，工业革命时期成为主要的商业和工业地区，当时郡城包括了几百个纺织工业镇和煤矿。到了19世纪30年代，全球约有85%的棉花加工出至这里。[①] 1710年该郡进口棉花约只有100万磅，工业革命初期的1760年增加至1 250万磅，到1787年达到2 200万磅，18世纪末由于该地区的发展使得棉纺业成为英国的第二大产业，仅次于毛纺业。棉纺业在该地区实现最早的工厂式生产，这种生产方式的变革，使得棉纱价格下降到工业革命前的1/20，出口值创全英之最，棉纺织工厂成为英国工业实力的象征。至第一次工业革命完成后的1851年，该地区约有50万人（约占就业人数的60%）在工厂中工作。由于这种组织形式的成功，工厂开始在全英甚至全世界范

---

① 引自Wikipedia，http：//en. wikipedia. org/wiki/Lancashire.

围得以推广。

约克郡位于英格兰的东北部，是英国历史最悠久的郡城之一，18 世纪成为毛纺业的中心，19 世纪经历了快速城市化和工业化的过程。约克郡西区为纺织品工业中心，钢铁和煤则集中在谢菲尔德生产，其中精纺领域行业主要是受兰开夏郡棉花产业影响而建立。①该地区在纺织业的技术创新一直处于领先地位，例如集棉器在该地区最先推广，直到 1860 年已得到全面使用，然而当时其他国家还对这项技术一无所知。17 世纪中期，该地区毛纺织品的出口占英国毛纺服装出口的半数以上，17 世纪末该地区的羊毛消费以每年 10% 左右的速率递增，取代了意大利、法国及荷兰的服装生产的国际地位。②

直到工业革命在英国完成之际，两地区在纺织业的产值贡献约占全英的 80% 以上。③

（二）标准化生产体系——美国密歇根州高地公园的汽车生产基地

机器的标准化降低了生产成本和市场价格，使得技术得以进一步传播，内森·罗森博格称美国的这种标准化创新为“技术融合”。④伊莱·惠特尼在 19 世纪开始便对技术融合进行推广，他为政府大量制造滑膛枪开创了标准化的生产。而在密歇根周的高地公园园区的福特汽车“流水线”更是被誉为机械制造的“美国体系”。

高地公园地区是在美国密歇根州韦恩县的一个区域，位于底特律城内，2010 年的人口约 1 万多人。⑤ 1907 年，亨利·福特在该地区北部的曼彻斯

---

① GIBBONS G. Yorkshire：Britain's Largest County［M］. London：Geographica Ltd.，1969.

② 哈巴库克. 剑桥欧洲经济史：卷六［M］. 王春法，等译. 北京：经济科学出版社，2002：263.

③ 现存没有关于两地区的工业产值统计，此数据根据《剑桥欧洲经济史》关于两地织布机数量的统计大概推算出。

④ USELDING P. Studies of technology in economic history［J］. Economics history，1977（1）：168.

⑤ 引自 Wikipedia，http：//en. wikipedia. org/wiki/Main_ Page.

特街道和奥克兰街之间购买了160英亩地建立了一个汽车生产区，该园区于1909年完工，1913年投入生产，为福特打开了第一条流水装配线，通过该地区，美国实现了可互换式生产、节约劳动的分工及资本密集型生产，使“美国体系”成为生产技术的巅峰。1920福特汽车约有4万工人在此地区工作，平均每15秒生产一部T型汽车，年销量突破200万。1925年，克莱斯勒公司在高地公园成立，它购买了Brush-Maxwell生产线，这使得园区增大了150英亩，之后的70年里，高地园区一直作为克莱斯勒公司的总部。

（三）运输成本依赖型的工业带——德国鲁尔工业区

鲁尔工业区是位于德国西部北莱茵—威斯特法伦境内的城市群，鲁尔工业区的发展是第二次工业革命发生前产业集聚的典型。因为当时工厂的选址大都基于运输成本，要么离原料近，要么离产品市场近。在被大规模开采之前，鲁尔工业区有着丰富的煤炭资源。当地煤炭地质储量为2 190亿吨，占德国总储量的3/4，其中经济可采储量约220亿吨，占德国90%，鲁尔工业区因此成为工业发展重要能源来源地。此外，鲁尔工业区的水陆交通十分便利。区内有莱茵河、鲁尔河、利珀河和埃姆斯河4条运河网，总长达425公里，有大小河港74个，河道与港口均已标准化，可通行1 350吨的欧洲标准货轮。鲁尔工业区内公路和高速公路四通八达，是区内及其他工业区联系的纽带，从德国西部通往柏林和荷兰的高速公路均从区内通过。鲁尔工业区公路汽车行驶的密度为全国平均密度的两倍。① 19世纪上半叶，鲁尔工业区开始大规模开采煤矿和生产钢铁，迅速发展成为世界上最著名的重工业区和最大的传统工业地域，1910年鲁尔工业区的钢企业已经在英国本土开设销售渠道。随着鲁尔工业区的繁荣，这里出现了欧洲历史最悠久的城镇集聚区，形成了多特蒙德、埃森、杜伊斯堡等著名的工业城市。

（四）信息化时代的策源地——美国硅谷

硅谷是高科技公司云集的美国加州圣塔克拉拉谷的别称，位于加利福

---

① 山东国际商务网．鲁尔工业区［EB/OL］．http：//www.shandongbusiness.gov.cn/public/oufei/news.php？sid＝82147.

尼亚州北部，最早是研究和生产以硅为基础的半导体芯片的地方，因此得名。

第三次工业革命时代到来前，此地区一直是美国海军的一个工作站点，并且海军的飞行研究基地也设于此。当海军把其大部分位于西海岸的工程项目转移到圣迭戈时，国家航空航天局接手了海军原来的工程项目，而且大部分的公司也留了下来。当新的公司搬进来之后，这个区域逐渐成为航空航天企业的聚集区。但直到20世纪50年代，当军工技术大规模应用于民用工业时，硅谷才真正迎来辉煌。斯坦福大学教授弗雷德里克·特曼（Frederick Terman）首先发现了这一点，于是他在学校里选择了一块很大的空地用于不动产的发展，并设立了一些方案来鼓励学生们在当地发展他们的“创业投资”（venture capital）事业。特曼的两个学生威廉·休利特（William Hewlett）和戴维·帕克特（David Packard）在一间车库里凭着538美元建立了惠普公司（Hewlett-Packard）。这间车库现在已经成为硅谷发展的一个见证。

1951年，特曼又成立斯坦福研究园区（Stanford Research Park），这是第一个位于大学附近的高科技工业园区。园区里一些较小的工业建筑以低租金租给一些小的科技公司，这些公司成为重要的技术诞生地。正是在这种氛围下，一些年轻的工程师聚集到这里。在1957年，8位优秀的年轻人集体跳槽，并在工业家Sherman Fairchild的资助下成立了仙童（Fairchild）半导体公司，后来从这家公司走出了一批杰出人才，成立了国民半导体公司（National Semiconductor）、超微科技（AMD）、英特尔公司、苹果公司等。今天的英特尔公司是世界上最大的半导体集成电路厂商，占有80%的市场份额。今天硅谷已经集聚了奥多比系统（Adobe Systems）、高级微设备（Advanced Micro Devices）、安捷伦科技、苹果公司、思科系统、eBay、谷歌、惠普等财富500强企业，及圣荷西州立大学、旧金山州立大学、斯坦福大学、圣克拉拉大学、约翰·F. 肯尼迪大学坎贝尔校园、加州大学伯克利分校、加州大学圣克鲁斯分校、霍特国际商学院、卡内基梅隆大学（硅谷校区）等一批国际著名学府。

尽管美国和世界其他高新技术区都在不断发展壮大，但硅谷仍然是高科技技术创新和发展的领跑者，从1972年第一家风险资本公司在紧挨斯坦福的Sand Hill路落户后，风险资本极大地促进了硅谷的成长。其在1980

年为苹果公司的上市筹集了13亿美元的资金，其后越来越多的风险资本来到硅谷，2011年该地区的风险投资占全美风险投资总额的41%。①

二、历次工业革命中政府产业政策与开发区政策

（一）英国在第一次工业革命中的政策因素

第一次工业革命主要引起的是以手工劳动为主的轻工产业升级，劳动密集生产为机械生产所取代，当时的政府部门（第一次工业革命是英国政府为代表）并没有刻意地为这些产业部门制定特殊的政策，产业的变革得益于大环境的变化，包括市场制度的建立完善和专利法案对发明创造者权力的保障等。

第一，18世纪的欧洲没有一个国家能比上英国的银行体系和信用体系。1694年英格兰银行成立，成为世界上第一家中央银行，为稳定英国的金融市场、促成工业革命发挥着积极的作用。18世纪20年代，英格兰银行的银行券业务已经深入到乡村银行，当时英国的手工制造业主要集中在广袤的乡村地带，到1725年英格兰银行垄断了乡村银行的所有票据清算业务，乡村银行的储备也全部储存在英格兰银行。它的进入为这些地区的手工加工工场向工厂过度提供了保障，一方面英国的资本家能够在更低的利率下募集更多的资金，支持了机器的购买和工厂的建立，另一方面，英国生产出来的商品在流通领域中的风险更低。

第二，英国是欧洲最早实现国内同质化市场的国家。即使到了18世纪初，欧洲几乎所有的国家都有严格的内部管制和关税壁垒，例如虽然法国的人口是英国的三倍，但是其国内被划分为三大区域，除了区域之间的贸易设置关税外，区域内部还有各类封建税收，因此产业发展远比不上英国。在英国这个崇尚自由经济的国家，没有封建赋税，没有市场垄断，没有特权阶级，即使是所谓的贵族，都仅仅体现在他们的头衔上，贵族子女的出身只是平民，没有任何特权，在这种人人平等的环境下造就了一批资本家、企业家。

---

① 引自 San Francisco，Silicon Valley North *The Wall Street Journal*.

第三，英国是世界上最早制定专利制度的国家。1449 年，一名叫约翰的人以其彩色玻璃制造方法获得为期 20 年的垄断权，这是英国的第一件发明专利。1624 年英国的《垄断法》问世，标志着英国专利制度的最终形成，也为世界各国的现代专利法奠定了基础。1852 年英国政府颁布《专利法修改法令》，对专利制度彻底改革，制定了发明专利的获得程序，第一次明文规定专利申请必须提交专利说明书，并在规定期限内予以公布。这套法令有效地保护了发明创造者的权力和利益，使得工匠、技师积极改良生产工艺，发明新产品，发现新技术，甚至以此建立自己的工厂、企业，成为第一次工业革命爆发的关键因素。

（二）美、德在第二次工业革命中的政策因素

第二次工业革命是第一次工业革命的延续，除了表现为蒸汽动力被电力所取代外，还有就是工厂的组织形式发展成企业形式。第一次工业革命的技术创新基本上是最前线的工人、工匠所带动的，是经验主义的革新，而第二次工业革命中的技术创新不能再简单地依靠个人力量完成，要通过实验室、科研机构才能完成，政策作为辅助条件在这个时候显得尤为必要。

工业革命对产业部门的影响有两个重要的条件，其一是技术，即要研究这种技术并最终投入到产业应用中，技能可以通过学习而获得，向产业部门提供技能主要依赖于教育；其二是资本，无论是建立大型企业还是投入大量的科学研究，当中都存在不确定性，个人的原始积累已经无法达到这种资本要求。私人部门已经无法像第一次工业革命那样单独完成技术开发，国家的政策在第二次工业革命中起到关键作用。

德国政府在教育政策上的改革使它在第二次工业革命中异军突起。早在 16 世纪的普鲁士地区，佛雷德里希大帝就颁布了“乡村学校一般规则”的诏书，在手工业盛行的乡村推行教育。经历了第一次工业革命后，德国人更加意识到教育对技术创新的重要性，1820 年当时德意志关税同盟通过了《教育法草案》，规定了义务教育与兵役一样，是必须履行的义务。到 1860 年德国适龄儿童入学率基本达到 97.5% 以上，部分地区已经实现 100% 入学。相反，英国过去以来都将教育交给私人部门，由私人部门根据市场的需要提供有偿服务，据统计，1860 年前后英国基础教育开展的最好的城市纽卡斯尔也只有半数的儿童进行了某种形式的小学教育，直到 19 世

纪70年代前后英国才意识到教育的重要性，开始授权某些地方委员会制定义务教育的相关规定。1870年议会通过了《1870年教育法案》，到1880年才实现强制性的基础教育，比德国足足慢了50年。在职业教育和科学教育方面德国在19世纪初已经世界闻名，德国的高等学校向全世界开放，网罗世界的精英，最重要的是，高等学校与企业紧密结合，企业家为这些教育机构提供奖学金，安排这些人才进入大企业，分配到受人尊敬的岗位上。例如人工染料茜素的发明者格雷伯就是由拜耳（Baeyer）公司资助完成研究的。德国政府在教育上的导向给产业带来的变革是鲜明的，以煤焦产品为例，1886年至1900年德国企业获得了948项专利，而英国只有86项，前者是后者的十多倍。①

美国选择的是另一种支持产业发展的路径。经过了第一工业革命后，工厂的生产形式开始普及，到了第二次工业革命期间，工厂生产已经完成了向企业的过度，以工业部门为例，在1907年钢铁工业中，有3/4的工人受雇于1 000人以上的大企业，机械制造业中有84%工人受聘于拥有51人以上的企业，重型电气设备制造、化工等行业该比例达90%以上。② 在美国，第二次工业革命新生了一批企业，并逐渐成为经济的支柱，美国正是通过对企业组织制度及外部环境的完善，完成了工业国的崛起。

近代中期以来美国经历了独立战争、南北战争后，日常经济活动大多掌握在私人部门手中，联邦政府实际上对其的日常运营没有任何的控制。然而联邦政府并不是不作为，19世纪的后半期联邦政府所做的贡献对经济的影响是相当深远的③。在市场环境方面，联邦政府控制公共领域，由其统一分配、整合资源；通过关税法，限制流入美国市场的工业品，保护国内市场的发展；在资本市场领域，联邦政府对货币市场的规范和完善直接影响了美国企业的工资、价格、利率；重组银行体系，特别是美国人对债券市场的应用，优化了企业的融资方式；发达的资本交易二级市场，孕育

---

① 哈巴库克．剑桥欧洲经济史：卷六［M］．王春法，等译．北京：经济科学出版社，2002：543.

② 哈巴库克．剑桥欧洲经济史：卷六［M］．王春法，等译．北京：经济科学出版社，2002：503.

③ 乔纳森·休斯等．美国经济史．7版［M］．邢露，等译．北京：北京大学出版社，2011：378－394.

了风险投资的成长，这一切都为急需资金的大企业成长提供了便利。1879年，当时美国财政部长汉密尔顿提交了《关于公共信用的报告》，要求成立美国银行，次年美利坚合众国银行成立，同时催生了美国证券市场；1792年经纪人自发签订了《梧桐树协议》，组成了第一个有价证券联盟；在这个联盟的发展下于1863年成立了纽约证券交易所，1864年J. P. 摩根财团开始运用纽约证券市场涉足股票融资，到1865年纽约交易所成交量已为伦敦交易所交易量的10倍之多。经历了19世纪下半叶的高速发展，大企业开始统治美国经济，这时候因为企业间的相互联合操纵价格，阻碍了市场的公平竞争，1890年美国通过了《谢尔曼反托拉斯法案》，适当地限制一些大企业的垄断市场行为，以使市场发挥更大的规模效应。

（三）第三次工业革命后各国对开发区发展的不同政策

真正意义上的开发区到了第三次工业革命才正式出现。产生于信息化时代的高新产业比过去两次工业革命更依赖于科学研究，更重要的是，以往的两次工业革命兴起的轻工业、重工业都是性质单一的某类行业，行业间的协同要求并不高，但高新产业往往需要不同行业间研发、生产、销售的协同创新，因此行业集聚发挥规模效应显得十分必要，开发区也开始成为各国追捧的区域经济治理模式。自20世纪60年代第三次工业革命以来，各国的开发区发展政策各有不同，按政策制定与开发区发展的相关程度分，大体可以分成三类。

1. 由私人部门主导的开发区，主要代表有美国的硅谷地区

这类开发区尽管大多数起步的阶段是得益于政府对初始产业的研发投入，但是其后的发展都是由大企业主导，特别是以世界五百强企业为主，研发生产与销售都以市场为导向。资金的来源主要是通过资本市场获取，包括股票、证券及一些风险投资基金。政府不直接对产业进行投入，主要是通过一些辅助手段间接推动产业的发展。例如美国的联邦资金、国家科学基金资助了大部分的以大学为基础的研究中心，这些中心的研究成果直接应用于电子产业、软件业、生物科技等行业。此外，美国政府近年着力于知识产权的法规问题，协同甚至要求其他国家加大对知识产权的保护，这实际上在保护其拥有绝对优势的软件行业。

2. 由政府引导的开发区，主要代表有日本的工业园区

目前日本共建有各类工业园区4 591个，其中由民间力量主导兴建的共

有 3 603 个，由国家地域公团和企业指导中心建设的共有 47 个，地方政府或政府主导的有关财团兴办的共有 941 个。民间兴建园区的基本程序是先由 6 家以上具有一定规模的企业组织起来，形成协同组合，再由此协同组合向当地政府提出申请。工业园区内基本上都不设政府管理机构，由该园区的协同组合全权管理。政府的职能在于建立“飞鸟型”的技术研究与开发体系，即以本国企业为主体把国外先进技术的引进与开发作为“鸟头”，本国政府部门和大学（包括有关科研单位）作为两翼，通过政府组织企业、大学以及有关科研单位相互协作，进行共同的消化、吸收。在产业的资金筹措方面，采取积极援助政策，除了对项目的专项支持以外，还专门设有“中小企业金融公库”“技术和产业高度化资金”以及“新产业助成资金”等。在一些产业比较集中的地域，政府出资建立了由政府主导的区域性技术指导中心。此外，日本政府鼓励中小企业参与竞争，发展壮大整个产业链。1953 年日本政府专门出台了《中小企业协同组合法》，以推进从地方到全国中央中小企业协同组合组织网络的形成，之后又陆续下发了十多个法律文件，以此提高中小企业的法律地位、促进中小企业的现代化和结构的高度化，还专门通过信贷补充体系创新来弥补中小企业融资不足，在推进中小企业与大企业的协同发展等方面都作了明确规定。目前，日本的中小企业占全国企业数的 98% 以上。

3. 由政府主导的开发区，主要代表有中国台湾的新竹科学工业园

新竹科学工业园是中国台湾地区的第一个科学园区，有“台湾硅谷”之称，主要经营电子代工服务，主园区范围为新竹市东区与宝山乡，现逐渐成为北台湾的科技中心。园区的发展始终是按照台湾地方政府的发展计划而建设的，园区的管理局为园区指导委员会，负责决策、指导和监督，隶属于行政院国家科学委员会。台湾当局为园区基础建设注入了大量资金，至 2002 年底已投资 347 亿元新台币用于园区的软硬件环境建设。亦由于其成功经验，政府陆续在其他地区设立南部科学工业园区及中部科学工业园区。

三、工业革命中开发区产业创新规律及启示

工业革命在开发区（区域）及产业（企业）的发展是沿着这样一条线

索：科技带动生产力的发展，使得新产业（企业）集聚并形成规模经济，随之而来的是区域（城市）系统出现。保罗·克鲁格曼将这个过程总结为城市系统模型，他认为区域（城市）的经济系统都是由产业（企业）层面的经济规模、交通成本和要素流动性所决定的。① 第一工业革命是经验积累过程的技术创新，推动了手工生产到机器生产的转变，这次革命没有衍生出新的工业部门，是原有工业部门效率的提高进而打破边际报酬的递减规律。工业新区也是由原来位于乡村的一些密集的手工业产业演变过来的，而这些新区组成的经济动脉最终推动了整个国家的工业化进程。

第一次工业革命对科技研发的依赖并不高，基本上是凭借私人部门对市场的触觉而引发的，所以英国这种以市场为主导的自由经济体容易脱颖而出，在此之后，科技研发对工业革命的重要性越来越明显，以至于单纯的私人部门无法完成产业的革新，于是国家的政策导向和辅助成了第二次、第三次工业革命的关键。第二次工业革命的石油化工行业、机械制造行业，已经出现企业为研究部门提供资金研发，专业的研究机构也在这段时间开始盛行。另外，国家对教育的重视程度，也直接成为该国的技术创新源泉。在科学技术与产业的结合下，一批新兴工业国开始崛起，第二次工业革命也完成了从轻工业到重工业的升级。

第三次工业革命已经超出了私人部门和企业部门层面，外部力量必须介入才能顺利完成，政府资助、充分利用资本市场融资等手段对第三次工业革命的爆发显得至关重要。美国依靠国家出资研发、军转民用并由企业部门承担生产的培育方式，实现了信息产业的兴起，而日本凭借企业牵头，政府配套等产业政策实现了规模化的生产，其电子制造业也后来居上。

然而信息产业只是第三次工业革命的冰山一角，各国都在不断地探索新材料、新能源、新技术的研发与应用。杰里米·里夫金（Jeremy Rifkin）认为第三次工业革命的支柱包括以下五个：①向可再生能源转型；②将每一大洲的建筑转化为微型发电厂，以便就地收集可再生能源；③在每一栋建筑物以及基础设施中使用氢和其他存储技术，以存储间歇式能源；④利用互联网技术将每一大洲的电力网转化为能源共享网络，这一共享网络的

① 见于克鲁格曼20世纪90年代一系列文章，包括：*On the number and location of cities*、*First nature, second nature, and metropolitan location*.

工作原理类似于互联网（成千上万的建筑物能够就地生产出少量的能源，这些能源多余的部分既可以被电网回收，也可以在各大洲之间通过联网而共享）；⑤将运输工具转向插电式以及燃料电池动力车，这种电动车所需要的电可以通过洲与洲之间共享的电网平台进行买卖。① 第一、二次工业革命实现了从木材的植物能源过渡到煤炭的固态石化能源，再到石油、天然等气液态的石化能源的转变，显然，第三次工业革命在新能源的开发与应用上肯定可以大做文章。此外，第一、二次工业革命实现工业原料由生铁到钢、有色金属等的转变，第三次工业革命中的诸如纳米材料等新兴工业材料的开发不容忽视。还有，第一、二次工业革命动力源泉实现由蒸汽到内燃动力的转变，使我们不由得关注第三次工业革命中磁悬浮等无阻动力技术的开发。无论怎样，第三次工业革命将构建一个产业的协同创新系统，国家和地区对产业的创新选择，将决定这个系统的发展方向。

---

① 杰里米·里夫金．第三次工业革命：新经济模式如何改变世界［M］．张体伟，孙豫宁，译．北京：中信出版社，2012.

附录3　产业公地理论、体系与国际实践

一、产业公地的理论发展

1. 企业共生

共生是指两种不同生物之间所形成的紧密互利关系。在共生关系中，一方为另一方提供有利于生存的帮助，同时也获得对方的帮助。在西方学者研究的基础上，2002 年袁纯清基于生物学的共生理论提出企业共生理论，认为共生是指共生单元之间在一定共生环境中按某种共生模式形成的关系，典型形态是大中小微企业共生并存。

2. 企业生态

1993 年保罗·霍肯（Paul Hawken）出版《商业生态学：可持续发展的宣言》，探讨商业活动与环境的相互关系。詹姆斯·弗·穆尔（James F. Moor）发表《新的竞争生态》，提出商业生态系统概念：企业不仅仅是单个的企业，而是商业生态系统的一个成员，该系统内还有生产者、供应商、竞争者和其他利益相关者等；除了竞争之外，企业之间的合作应引起关注。1996 年穆尔在《竞争的衰亡：商业生态系统时代的领导与战略》中，提出企业战略应关注整个企业生态系统的协同进化。

3. 产业生态系统

产业生态学理论认为，产业生态系统是依托自然生态系统，以企业或产业为主体而建立起来的社会经济子系统，必须确保自然生态系统和社会经济子系统（产业生态系统）的可持续与可协调。美国、加拿大、日本等工业化程度较高的国家，产业生态学理论应用研究从传统制造业、采矿业、农业及养殖业逐渐扩展到零售业、旅游业、IT 产业及知识服务业。具有典型代表意义的是各国大型产业生态经济园区（Industrial Ecology Parks）。产

业生态经济园区模式可能成为未来人类社会在区域经济发展过程中所选择的主导经济模式。产业生态园由美国 Ernest Lowe 教授于 1995 年提出，其定义为：一个由制造业企业和服务业企业组成的企业生物群落，并通过在管理包括能源、材料和水等这些基本要素在内的环境与资源方面的合作来实现生态环境与经济的双重优化和协调发展，最终使整个企业群落寻求到一种比单个公司个体效益的总和还要大得多的群体效益。A. J. D. Lambert、F. A. Boons（2002）等把产业生态园分为具有明显区别的两类：一类是以某一企业为主体，为进行大规模资源开发或集成制造而构建的复合型工业生态园，这一类型产业生态园实际上是企业生态系统的延伸和拓展；另一类是以某一类相关产业为主体构建的能够实现多种类型的企业集群共生的产业生态园，称之为“混合型产业生态园”。

4. 产业集群

1890 年，马歇尔在《经济学原理》一书中，将工业集聚的特定地区称为产业区，产业区内集中了大量相关的中小企业，集聚最根本的原因在于获取外部规模经济：厂商的地理集中能促进专业化供应商队伍的形成；厂商的地理集中分布有利于劳动力市场共享；厂商的地理集中有助于知识外溢。1990 年迈克·波特在《国家竞争优势》一书中提出产业集群（Industrial Cluster）的概念。产业集群是指在特定区域中，具有竞争与合作关系，且在地理上集中，有交互关联性的企业、专业化供应商、服务供应商、金融机构、相关产业的厂商及其他相关机构等组成的群体。产业集群超越了一般产业范围，形成特定地理范围内多个产业相互融合、众多类型机构相互联结的共生体，构成这一区域特色的竞争优势。

5. 产业关联

产业关联分析亦称投入产出分析，由美国经济学家里昂惕夫在 20 世纪 30 年代提出，现已成为解决产业结构问题的重要方法。投入产出分析就是运用投入产出表从数量上分析产业之间的相互依存关系，其分析结果可以作为一国（或地区）制定经济社会发展站略与政策的重要依据。产业关联是指在经济活动中，各产业之间存在的广泛的、复杂的和密切的技术经济联系。产业关联方式是指产业部门间发生联系的依托或基础，以及产业间相互依存的不同类型。产业关联效应体现为一个产业的生产、产值、技术等方面的变化引起它的前向关联关系和后向关联关系对其他产业部门产生直接和间接的影响，从而可以分为前向关联效应和后向关联效应。

6. 产业公地

产业公地（Industrial Commons），亦称产业共享，在2009年《哈佛商业评论》关于“恢复美国竞争力”的文中首次出现。根据皮萨诺和史的界定：产业公地是一系列能够对多个产业的创新提供支持的技术能力和制造能力的集合，类似于公共物品。产业公地具有强劲的溢出效应和某些网络效应，可促进产业群体合作发展，是一种有效的生产组织方式，可成为塑造产业群体竞争优势的新利器。根据钱平凡的总结，产业公地的特性为：一是业界共同分享；二是不可分割，业界共同所有，无法私有化；三是有限接入，只为业界共同体成员分享，具有本地化属性；四是公共基础，包括那些能够支撑相同产业共同发展的基础性资源、技术与能力；五是有效管理，产业共享是政府与市场外第三种有效管理资源与组织生产的方式；六是共同治理，产业共享是一种客观存在，其健康发展需要业界共同治理，以避免有意或无意损害产业共享之事，或减少产业共享中的搭便车行为。

7. 共享经济

共享经济是指拥有闲置资源的机构或个人有偿让渡资源使用权给他人，让渡者获取回报，分享者利用分享他人的闲置资源创造价值。共享经济最早由美国得克萨斯州立大学社会学教授马科斯·费尔逊（Marcus Felson）和伊利诺伊大学社会学教授琼·斯潘思（Joe L. Spaeth）于1978年发表的论文（*Community Structure and Collaborative Consumption: A Routine Activity Approach*）中提出。其主要特点是，包括一个由第三方创建的、以信息技术为基础的市场平台。这个第三方可以是商业机构、组织或者政府。个体借助这些平台，交换闲置物品，分享自己的知识、经验，或者向企业、某个创新项目筹集资金。主要特征：借助网络作为信息平台，以闲置资源使用权的暂时性转移为本质，以物品的重复交易和高效利用为表现形式。

二、产业公地的核心内容与体系

产业公地是一系列能够对多个产业的创新提供支持的技术能力和制造能力的集合。产业公地构成类型繁多，既有产业共性技术、标准与行业知识，又有实体基础设施、供应链、配套体系与产业生态系统，还有专业员工与行业诀窍，以及行业自律规则与行业区域品牌等；表现形式多样，既可有形，也可无形；不受产权限制，既可体现为公有产权，也可置于私有产权中。

1. 实验（设备）平台

产业公地的核心是制造互换性与相互依存性。企业实验室是创新的核心，其存在是为了更好地整合研究和进行商业活动。美国杜邦公司、通用电气公司、美国电话电报公司和西屋电气公司都建立了实验室。企业实验室中往往具备行业通用设备。

2. 技术平台

基础共性技术是产业公地的核心能力。许多技术都是那些具有高增长潜力产业中的关键技术，如可充电电池是高能效型交通工具的心脏，机床是国防工业、航空航天技术和汽车工业的工作母机，LED是新一代节能照明技术发展的根基。英国的崛起与蒸汽机密不可分，德国的崛起与有机化学物合成及相关制造工艺密不可分，“二战”以后美国的发展与数字化、信息技术和互联网密不可分。研究表明，机械、仪器仪表和电子是三个最主要的创新流出部门。

3. 知识平台

创新涵盖了将创意从头脑中的构想变为消费者手中产品的全过程。从产品研发真正走向产品生产是一件很复杂的事情，需要极为紧密细致的协调安排，并实现研发设计者与生产者之间的知识交换。别人无法学会和复制丰田生产系统，其原因就是生产系统背后的缄默知识。每一个产品背后不仅仅是一组物理零部件，还隐藏着一套可促成该产品生产、制造和交付使用的技术能力和组织能力。面对面的交流，往往是创意产生的源头。

4. 人才平台（开放性融智）

建设产业公地的人力资本基础从科学、技术和工程领域的劳动人员开始着手。这一群体一般由在科学、工程学和数学领域具有学士或硕士学位的劳动力组成。没有企业会把科研实验室安置在一个缺乏一流科学家和工程师的地方。在德国几乎每一所综合性大学都开设经济工程学专业。

5. 服务平台（产业链服务）

供应链是共享性资产。不同产业间在供应链方面相互交叉，基于产业链的综合服务平台如采购平台、融资平台、设备租赁平台等，尤其是第三方平台，是每一个产业成长的基础和土壤。企业孵化器与加速器是产业链服务的关键组成部分。

6. 政策平台

各级政府政策对不同产业具有通用性和差异性，作为政策平台保证政策的可得性和作用机制的可达性至关重要。

7. 基础设施平台

基础设施是产业发展的先行资本，其中交通网络、信息网络是关键组成部分。

三、产业公地的国际实践

德国工业4.0、美国再工业化、产业互联网、第三次工业革命为标志的新产业崛起，催生了以信息资源和使用能力为基础的新产业公地的崛起，并将形成以设计为中心生产体制的新商业模式。产业公地是支撑相关产业群体共同发展并为利益相关者共同分享的体系，包括支撑产业群体共同发展的能力、资源、生产体系、产业基础设施等，建设和完善新型产业公地显得极为重要。

1. 美国

美国能够成功发展以科技为基础的产业体系，政府政策和企业投资都扮演了非常重要的角色。制造互换性原理大大提升了生产效率，最终成就了美国制造体系。美国产业公地兴起和衰落中有三个重要因素：研发扶持等政府政策，包括反垄断法案、专利法案及相关法律；研发投资、区位选择等方面的公司战略和管理决策，企业内部强大的科研实力和企业组织创新至关重要；战争、国内市场规模等外部环境，交通网络和通信网络发展至关重要。美国制造业衰落的原因是制造业的外包和本地投资不足导致了产业公地的贫瘠，进而导致了产业生态的衰落。

美国国家科技委员会2012年公布《先进制造业国家战略计划》，将产业公地建设作为三大战略任务之一。美国竞争力委员会2013年发布《重建产业公地》报告认为，丰富的产业公地或创新基础设施是关键。美国产业公地的兴起，既不是自然的也不是必然的，而是政府和私营部门共同发展的产物。美国在把产业公地作为振兴产业发展和提升产业竞争力的战略举措时，大力倡导基于 PPP 的产业公地重建。

《先进制造业国家战略计划》报告认为，产业公地本身必须通过持续投资而不断升级，然而那些投资虽然能够巩固产业知识基础或创造产业标准，进而强化产业共享，但是对期望从投资中直接受益的企业来说还是缺乏吸引力，因此，公私合作投资成为必要，并且应该共同投资先进制造业研发和增加先进制造业发展所需要的技术员工数量与技能等五个方面。《重建产业公地》报告认为，产业公地的创造得益于公私共同努力，其衰退则归罪于公私不尽力，重建过程中公私合作模式尤为重要。

2. 德国

德国制造业模式的核心是用精密性的机器生产精密性的机器和大中小企业共生的组织形态。其产业公地的核心是工程学和工艺流程的精密性组织。德国最有影响力的学科是工程学，其中经济工程学最受欢迎，其背后是数学、物理、化学前沿的支撑。德国任何一项经济活动的有序组织和准确到位，是世界上其他国家和地区所少见的。德国制造业的发展壮大和体系的完整，离不开中小企业的支撑，上千家“隐形冠军”成就了德国制造业的领先地位。大众、西门子等巨头的崛起，离不开其背后数百家中小企业的默默耕耘。

3. 日本

日本产业公地的核心是元器件和工匠精神。通用元器件体现了制造业的互换性和相互依存性。由日本大财团组成的产业经济联合会，致力于元器件的研发和升级，如半导体元器件、晶体管元器件、芯片等，形成了日本各产业发展的基干。日本制造业的核心支撑是工匠精神。日本众多企业的精益生产系统（典型代表是丰田），是别的国家和地区的企业很难学习到的，因为其生产系统背后的缄默知识是关键。

四、产业公地的供给方式

1. 市场型供给

企业实验室、研究院、培训学院、博士后工作站、检测中心等，检测设备、试验设备等，往往是由企业供给并提供有偿服务。其实质是所有权和使用权的分离，使用权市场化流动。产业公地建设，需要中小企业的精耕细作。中小企业的灵活性和能动性使整个产业公地更具生命力。产业公地之所以能够存在，就是该产业公地各用户能够产生较多的私人收益而非社会收益。

2. 政府型供给

政府财政主导供给，如集中供热设备、道路等，提供公共政策服务平台和信息平台。有些是有偿的，有些是无偿的，类似纯公共物品和准公共物品。

3. 混合型供给

市场和政府“握手”，联合供给，当前比较通行的 PPP 就是典型代表。这一供给模式可以保障资本规模和产业公地的有效运行。BT、BOT 等模式也是混合型供给。大学、科研机构作为产业公地的组成部分，也具有混合型供给特征。产业公地治理涉及国家或地区相关政府部门、企业与个人，通过这些关键利益相关者的集体行动而实现产业公地的可持续发展，可引入 PPP。积极探索基于 PPP 的产业共享治理模式。与 PPP 基础设施建设模式相比，基于 PPP 的产业公地治理涉及面广、间接利益驱动、集体行动难度较大，需要积极探索与创新。政府及公共事业单位可发挥主导作用，但要处理好与私营企业及个人的关系，是合作而非行政命令，从而构成有效的共同治理。

参考文献

[1] 曹贤忠，曾刚. 国内外城市开发区转型升级研究进展与展望 [J]. 世界地理研究，2014，23（3）.

[2] 陈伟，严长清，吴群，李永乐. 开发区土地要素对经济增长的贡献：基于江苏省面板数据的估计与测算 [J]. 地域研究与开发，2011，30（5）.

[3] 程大中. 中国参与全球价值链分工的程度及演变趋势——基于跨国投入—产出分析 [J]. 经济研究，2015，50（9）.

[4] 樊茂清，黄薇. 基于全球价值链分解的中国贸易产业结构演进研究 [J]. 世界经济，2014，37（2）.

[5] 冯章献，王士君，张颖. 中心城市极化背景下开发区功能转型与结构优化 [J]. 城市发展研究，2010，17（1）.

[6] 高超，金凤君. 沿海地区经济技术开发区空间格局演化及产业特征 [J]. 地理学报，2015，70（2）.

[7] 耿海清. 我国开发区建设存在的问题及对策 [J]. 地域研究与开发，2013，32（1）.

[8] 胡彬，郑秀君. 开发区功能演化与职能职责重构 [J]. 改革，2011（8）.

[9] 胡绪华，蔡济波. 基于全球价值链的我国本土生产型外贸企业升级机理分析 [J]. 企业经济，2013（1）.

[10] 黄凌翔，赵娣，金丽国. 开发区土地集约利用潜力实现研究——基于天津经济技术开发区 673 个地块的调研 [J]. 中国土地科学，2014（10）.

[11] 黄群慧，贺俊. "第三次工业革命"与中国经济发展战略调整——技术经济范式转变的视角 [J]. 中国工业经济，2013（1）.

[12] 黄群慧. “新常态”、工业化后期与工业增长新动力 [J]. 中国工业经济, 2014 (10).

[13] 黄群慧. 中国的工业大国国情与工业强国战略 [J]. 中国工业经济, 2012 (3).

[14] 鞠建东, 余心玎. 全球价值链上的中国角色——基于中国行业上游度和海关数据的研究 [J]. 南开经济研究, 2014 (3).

[15] 孔翔, 杨帆. “产城融合”发展与开发区的转型升级——基于对江苏昆山的实地调研 [J]. 经济问题探索, 2013 (5).

[16] 况伟大. 开发区与中国区域经济增长 [J]. 财贸经济, 2009, 30 (10).

[17] 黎继子, 刘春玲, 蔡根女. 全球价值链与中国地方产业集群的供应链式整合——以苏浙粤纺织服装产业集群为例 [J]. 中国工业经济, 2005 (2).

[18] 李宏艳, 王岚. 全球价值链视角下的贸易利益: 研究进展述评 [J]. 国际贸易问题, 2015 (5).

[19] 李骏阳, 夏惠芳. 开发区“飞地经济”发展模式研究 [J]. 商业经济与管理, 2006 (2).

[20] 李力行, 申广军. 经济开发区、地区比较优势与产业结构调整 [J]. 经济学 (季刊), 2015, 14 (2).

[21] 刘兵, 李嫄, 许刚. 开发区人才聚集与区域经济发展协同机制研究 [J]. 中国软科学, 2010 (12).

[22] 刘鲁鱼, 余晖, 胡振宇. 我国开发区的发展趋势及政策建议 [J]. 开放导报, 2004 (1).

[23] 刘仕国, 吴海英. 全球价值链和增加值贸易: 经济影响、政策启示和统计挑战 [J]. 国际经济评论, 2013 (4).

[24] 刘维林, 李兰冰, 刘玉海. 全球价值链嵌入对中国出口技术复杂度的影响 [J]. 中国工业经济, 2014 (6).

[25] 刘伟奇. 开发区与城市的空间效益比较研究——以长三角地区为例 [J]. 现代城市研究, 2011, 26 (10).

[26] 罗小龙, 郑焕友, 殷洁. 开发区的“第三次创业”: 从工业园走向新城——以苏州工业园转型为例 [J]. 长江流域资源与环境, 2011, 20 (7).

［27］吕越，罗伟，刘斌．异质性企业与全球价值链嵌入：基于效率和融资的视角［J］．世界经济，2015，38（8）．

［28］马涛，刘仕国．全球价值链下的增加值贸易核算及其影响［J］．国际经济评论，2013（4）．

［29］潘波．开发区管理委员会的法律地位［J］．行政法学研究，2006（1）．

［30］皮黔生．中国开发区的发展阶段与世界出口加工区生命周期的比较［J］．南开学报（哲学社会科学版），2001（1）．

［31］邱蓉，姚剑虹．论开发区政府行为的变迁——改革开放30年回顾与展望［J］．经济问题探索，2009（4）．

［32］沈宏婷，陆玉麒．开发区转型的演变过程及发展方向研究［J］．城市发展研究，2011，18（12）．

［33］盛斌，陈帅．全球价值链如何改变了贸易政策：对产业升级的影响和启示［J］．国际经济评论，2015（1）．

［34］石碧华．我国经济特区与开发区的发展趋势［J］．商业经济与管理，2007（10）．

［35］孙伟杰，侯学平．广东省开发区土地利用模式研究［J］．上海国土资源，2014，35（1）．

［36］孙亚南．简单扎堆、技术嵌入到产业集群——江苏开发区转型升级路径研究［J］．南京社会科学，2012（9）．

［37］孙遇春，徐吉祥，张建同，孙启承．国家级经济开发区发展水平的比较与评估［J］．统计与决策，2010（14）．

［38］孙卓然，李正图．开发区开发模式研究［J］．上海经济研究，2011（5）．

［39］田文，张亚青，佘珉．全球价值链重构与中国出口贸易的结构调整［J］．国际贸易问题，2015（3）．

［40］王发明，邵冲，应建仁．基于产业生态链的经济技术开发区可持续发展研究［J］．城市问题，2007（5）．

［41］王峰玉，李瑞霞．广州开发区的地域空间演变与发展趋势研究［J］．现代城市研究，2008，23（12）．

［42］王宏伟，袁中金，侯爱敏．城市化的开发区模式研究［J］．地

域研究与开发，2004，23（2）.

［43］王岚，李宏艳．中国制造业融入全球价值链路径研究——嵌入位置和增值能力的视角［J］．中国工业经济，2015（2）.

［44］王兴平，许景．中国城市开发区群的发展与演化——以南京为例［J］．城市规划，2008，32（3）.

［45］王雄昌．我国开发区转型的机制与动力探析［J］．现代经济探讨，2010（10）.

［46］王勇，朱雨辰．论开发区经济的平台性和政府的作用边界——基于双边市场理论的视角［J］．经济学动态，2013（11）.

［47］王玉燕，林汉川，吕臣．全球价值链嵌入的技术进步效应——来自中国工业面板数据的经验研究［J］．中国工业经济，2014（9）.

［48］许晖，许守任，王睿智．嵌入全球价值链的企业国际化转型及创新路径——基于六家外贸企业的跨案例研究［J］．科学学研究，2014，32（1）.

［49］杨东峰，殷成志，史永亮．从沿海开发区到外向型工业新城——1990年代以来我国沿海大城市开发区到新城转型发展现象探讨［J］．城市发展研究，2006，13（6）.

［50］杨建锋，王令超，马军成．基于企业与行业的开发区土地集约利用评价研究：以洛阳高新技术产业开发园区为例［J］．地域研究与开发，2012，31（1）.

［51］杨永平．我国开发区发展的历史拐点及未来走向［J］．经济问题，2006（2）.

［52］张弘．开发区带动区域整体发展的城市化模式——以长江三角洲地区为例［J］．城市规划汇刊，2001（6）.

［53］张少军，刘志彪．国内价值链是否对接了全球价值链——基于联立方程模型的经验分析［J］．国际贸易问题，2013（2）.

［54］张伟，朱宏亮．经济技术开发区的融资模式［J］．城市问题，2007（2）.

［55］张晓平．我国经济技术开发区的发展特征及动力机制［J］．地理研究，2002，21（5）.

［56］张艳．超越规模之争——论开发区的空间发展与转型［J］．城

市规划，2009，33（11）.

［57］张莹，李淑杰．开发区土地集约利用问题思考［J］．国土资源科技管理，2008，25（6）.

［58］张占录，李永梁．开发区土地扩张与经济增长关系研究——以国家级经济技术开发区为例［J］．中国土地科学，2007，21（6）.

［59］张志胜．行政化：开发区与行政区体制融合的逻辑归宿［J］．现代城市研究，2011，26（5）.

［60］赵晓雷，邵帅，杨莉莉．管理体制与中国开发区经济发展效率增长——基于 Malmquist 指数和 GMM 的实证分析［J］．财经研究，2011，37（8）.

［61］郑国．基于政策视角的中国开发区生命周期研究［J］．经济问题探索，2008（9）.

［62］郑国．中国开发区发展与城市空间重构：意义与历程［J］．现代城市研究，2011，26（5）.

［63］郑江淮，高彦彦，胡小文．企业"扎堆"、技术升级与经济绩效——开发区集聚效应的实证分析［J］．经济研究，2008，43（5）.

［64］郑力璇．试述中国开发区的转型与发展［J］．经济问题，2011（9）.

［65］周家新，郭卫民，刘为民．我国开发区管理体制改革探讨［J］．中国行政管理，2010（5）.

［66］周玉．开发区土地集约利用影响因素分析［J］．广东土地科学，2011，10（3）.

［67］朱彦恒，张明玉，曾维良．开发区产业发展的耦合机理［J］．科学学与科学技术管理，2006，27（10）.

［68］朱泳，姜诚．论开发区的法律地位与开发区的政区化［J］．江汉大学学报（社会科学版），2009，26（3）.

［69］邹伟勇，黄炀，马向明，戴明．国家级开发区产城融合的动态规划路径［J］．规划师，2014，30（6）.

后 记

本书原稿是广州开发区政研室通过招标委托暨南大学经济学院课题组展开课题研究的最终报告。在区领导的关心和政研室的组织协调下，课题组进行了广泛的调研和访谈：走访了广州开发区的老领导与企业家，与广州开发区发展的见证者进行了访谈，调研了六大工业支柱产业的代表性企业、代表性高新企业、几大国有企业、若干民营企业，与开发区许多部门的负责人进行了访谈。在初稿完成之后，课题组向广州开发区领导汇报了研究报告的主要内容和观点，区领导与课题组进行了深入细致的交流，对课题研究的重点、难点等方面做出了重要指示。课题报告第二稿完成后，区领导再次听取了课题组的汇报，提出了修改意见和建议。在政研室领导及各位职员的组织协调下，课题组边调研、边思考、边写作，随着调研和数据分析的深入，思路越来越清晰，观点越来越明确，几经修改思路、修正观点，课题组加班加点，终于完成了课题总报告，并同时完成了五份专题报告，课题组成员感觉收获超乎想象。课题报告得以顺利完成，得益于各方面的关心支持。在此，感谢广州开发区的各位领导，感谢广州开发区的老领导和企业家！感谢广州开发区各部门负责人对课题研究的大力支持！感谢广州开发区的各个企业，围绕它们进行的调研过程和调研内容构成了课题研究的微观基础。感谢政研室的各位领导和职员，他们数次与课题组一起耐心细致地研究大纲、研究思路、研究重点，组织协调并陪同课题组一起调研、一起访谈，研究报告饱含着他们辛勤的汗水！感谢课题组成员精诚合作，按时高质完成课题报告。以上感谢，挂一漏万，在此感谢所有给予课题组支持的人和单位！

在原稿基础上，根据课题协议的出版规定，作者进行了大幅度修改，突出了理论思考的内容。由于调研保密协议，本书没有展示部分案例的具体经营和产业链布局图示，但提炼的结论依然原封不动地展示出来。

研究尚存在许多错漏与不足之处，敬请批评指正！

刘金山

2016 年 12 月